U0640954

本顾问：李学勤 罗哲文 俞伟超 曾宪通 彭卿云

异彩纷呈的文明

李 默／主编

中华文明是人类历史上最伟大的文明之一，是人类文明发展的主要构成。中华文明丰富、深刻、辉煌、博大，在人类文明中的骨干作用和领导作用为人所共知。在人类文明的发源时期，中华文明就是四大古文明之一，是地球上文化的策源地之一。

廣東旅游出版社
GUANGDONG TRAVEL & TOURISM PRESS
悦读书·悦旅行·悦事人生

中国·广州

图书在版编目（CIP）数据

异彩纷呈的文明 / 李默主编 . — 广州 : 广东旅游
出版社 , 2013.1（2024.8 重印）
ISBN 978-7-80766-466-6

Ⅰ . ①异… Ⅱ . ①李… Ⅲ . ①中华文化—文化史
Ⅳ . ① K203

中国版本图书馆 CIP 数据核字 (2012) 第 304238 号

出 版 人：刘志松
总 策 划：李　默
责任编辑：张晶晶　黎　娜
装帧设计：盛世书香工作室　腾飞文化
责任校对：李瑞苑
责任技编：冼志良

异彩纷呈的文明
YI CAI FEN CHENG DE WEN MING

广东旅游出版社出版发行

（广东省广州市荔湾区沙面北街 71 号首、二层）
邮编：510130
电话：020-87347732（总编室）020-87348887（销售热线）
投稿邮箱：2026542779@qq.com
印刷：三河市嵩川印刷有限公司
　　　（河北省廊坊市三河市杨庄镇肖庄子村）
开本：650×920mm　16 开
字数：105 千字
印张：10
版次：2013 年 1 月第 1 版
印次：2024 年 8 月第 3 次印刷
定价：45.80 元

《话说中华文明》是一部全景式图文并茂记录中国文明历史的大书。出版者穷数年之力，会集各方力量——专家、学者、编辑、学术顾问们，在浩如烟海的历史档案、资料、著作中，探珍问宝，追寻中华文明在悠悠历史长河中的灿烂之光。此书的出版，凝聚了编撰者的心血，学术顾问们的智慧。尤其是李学勤先生，亲自动笔写下了序言，更增加了本书沉甸甸的分量。

中华文明的历史充满了辉煌与苦难，成就和挫折。它的历史无处不在，决定着我们中国人今天的思想和感情。当今的中国和中国人是中华文明的历史造就的，是中华文明的历史的延伸，也是它的一个组成部分，中华文明的历史之河奔流到现在。

中华文明是人类历史上最伟大的文明之一，是人类文明发展的主要构成。中华文明丰富、深刻、辉煌、博大，在人类文明中的骨干作用和领导作用人所共知。在人类文明的发源时期，中华文明就是四大古文明之一，是地球上文化的策源地之一。在人类文明的早期，中华文明成为文明在东方的支柱，公元前后200年间，人类的汉帝国与罗马帝国这两只铁手攫住了地球。在欧洲进入中世纪的时候，中华文明更成为人类文明最主要的领导，它的文明统治东亚，传遍世界。进入近代，中华文明处于自身的重压和西方的欺凌下，但中国人民的斗争史和奋起精神是人类文明历史中不可缺少的一页。

五千年的中华文明为人类贡献出了从思想家孔子到科学技术的四大发明、从唐诗宋词到长城运河的伟大创造，贡献出了从诸子百家到宋明理学、从商周铜器到明清文学的深刻内涵，也贡献出了从五霸七强到三国纷争、从文景之治到十大武功的辉煌历史。中华文明的历史绚烂多彩，在人类文明的历史长河中永放光芒。

中华文明也是人类历史上最独特的文明，没有哪一个文明像中华文明这样持久，这样统一一致。世界上其他文明不但互相交错，其创造者也都与高加索体质的人种有关，它们是姐妹文明。在人类历史中，只有中华文明才是独特的，它的创造者是中国土地上的中国人民，与其他任何地方的人民都没有关系，它的文化是统一一致的文化，可以不依赖于其他任何文明而生存，但中华文明也绝不是封闭的，它接受他人的文化，也承担自己对于人类的责任。

人类进入新世纪，中国的社会经济发展令世人瞩目。人们对于世界未来的政治和经济结构的估计无不以东亚和太平洋为中心，而尤以中国为重点。

经济起飞只是当代中国的一个方面，中国的精神文明的建设尤为刻不容缓。如果中国要自觉地发展中华文明，要有意识地使中国的发展具有世界意义，就必须发展强有力的精神文化，这样才能使中华文明的发展进入一个新的阶段，才能形成中国和中华文明的全面现代化。

而中国的精神文化的发展植根于中华文明的伟大传统之中。进入近代之后，在西方文化的冲击下，对于中国文化的价值产生大量的情绪化和激烈冲突的论调。"五四"运动打倒孔家店的口号具有冲破封建束缚的时代意义，对中国文化的发展有不容否认的正面意义，与文化虚无主义是完全不同的。文化虚无主义者否定中国传统文化，在现代化的旗帜下主张全盘西化；而复古主义则沉迷于中国文化的古董，走进反进步、反科学的泥潭。

历史的发展则超越了所有这些论点，产生这些论调的一百多年来的中国近代史已经结束。历史要求中国发展，要求中国走在全世界发展的前列。西化论和复古论都已过时，历史已经要求世界超越西方，中国可以承担起世界的命运，而中国的现实和世界的历史都说明，中国的使命在于它的发展前进，而非倒退。

中华文明走出迷惘的时代，我们这一代处在一个伟大而具有挑战的历史阶段。

总结历史、展望未来，这就是《话说中华文明》的意义和使命。我们创作《话说中华文明》，力求总结和回顾中华文明的全貌，在内容和形式上都开创一个新的局面。在内容结构上，既具有一定的深度，又具有相当的广博性，既有严谨、准确的学术价值，又有活泼、流畅的可读性。本丛书容纳了中华文明的各个方面，使它综合了大规模学术著作的系统性、严密性，和普及读物的全面性、简易性，它既可作为大型工具书检索中华文明的各个成分，又可作为通俗的读物进行浏览。

我们从上世纪 90 年代初起就开始思考中华文明的历史和现实问题，并逐渐形成了编著《话说中华文明》的设想。在开展这项庞大的文化工程之始，我们就聘请了国内权威学者李学勤、罗哲文、俞伟超、曾宪通、彭卿云诸先生担任学术顾问，他们对计划作了充分讨论，并审阅了大量初稿。我们聘请了广州、香港地区的社会科学学者、大学教师、研究生以及我社编辑人员几十人担任稿件的撰写工作。

通过创作这部书，我们深深地感受到了中华文明的博大精深，也感受到了它的内在缺陷。中华文明具有辉煌的时期，也有苦难的年代，有它灿烂的成就，也有其不足的方面。中华文明在自身中能够吸取充分的经验和教训，就能够使自身健康壮大，成长发展。

通过创作这部书，我们也深深感受到了出版事业的使命和重任。我们希望这部书能受到广大读者的喜爱，起到它所应当起的作用。为中华文明的反省、前进和奋起作一点贡献。

目　录

异彩纷呈的文明

异彩纷呈的文明

西晋

265 ~ 270A.D.

西晋

异彩纷呈的文明

265A.D. 魏咸熙二年 晋泰始元年 吴元兴二年 甘露元年

八月，司马昭死，子炎袭爵嗣位。冬，吴迁都武昌。十二月，司马炎迫魏帝曹奂禅位，废为陈留王，易魏为晋，是为晋武帝。

266A.D. 晋泰始二年 吴宝鼎元年

二月，晋除汉宗室禁锢。十月，吴永安施但等起事，劫吴帝庶弟孙谦至建业，众万余人，但旋败死，谦自杀。吴帝杀谦母及弟。十二月，吴帝还都建业，使黄门料取将吏女，大臣子女岁岁上名，年十五六检阅不中乃得出嫁。竺法护在敦煌、长安、洛阳等地译经一百五十四部。

267A.D. 晋泰始三年 吴宝鼎二年

十二月，晋改封孔子后宗圣侯为奉圣亭侯。晋禁星气、谶纬之学。

268A.D. 晋泰始四年 吴宝鼎三年

正月，晋修律令成。吴遣刘俊、修则等争交州，为晋将毛炅所破，皆死。扶南、林邑各奉献于晋。

270A.D. 晋泰始六年 吴建衡二年

四月，吴以陆抗都督西方诸军以备晋。六月，鲜卑秃发树机能侵陇右，秦州刺史胡烈与之战于万斛堆，败死。晋史学家谯周去世。

268A.D.

罗马皇帝伽连纳斯与自立为帝之奥理留战于米兰，伽连纳斯战死，奥理留为克劳底斯所杀。克劳底斯被立为帝（268~270）。

哥特人洗劫希腊。

270A.D.

日本传说应神天皇即位（十五代）。

罗马皇帝克劳底斯二世染疫死，巴尔干半岛驻军立其副将奥利利安为帝（270~275）。"巴格迪"运动，达到高潮。巴格迪是指三至五世纪高卢及西班牙北部隶农及奴隶的革命运动的参加者。

司马炎称帝改制

泰始元年（265）十二月十三日，司马炎设坛南郊，燔柴告天，逼迫魏帝曹奂退位，自称皇帝。司马炎，字安世，司马昭长子，逼迫曹

晋武帝司马炎像

奂退位后，封其为陈留王，改魏为晋，史称西晋，改元泰始，建都洛阳。本年十二月司马炎分封宗室二十七王，把司马氏宗室都分封为王。司马炎泰始分封，基本上承后汉之旧，君国而不君民。王国地不过一郡，王国的相由朝廷任命，与太守无异。国中长吏由诸王自选，财政不能自己擅作主张。同年十二月十九日，置中军将军以统御宿卫七军。又置谏官，以规劝皇帝。泰始二年（266）十二月，因屯田制难以继续，晋武帝司马炎下诏书命令罢农官，改农官为郡太守或县令，正式废除民屯，其所辖的屯田区即改属相应的郡、县，

THE **CHINESE** CIVILIZATION

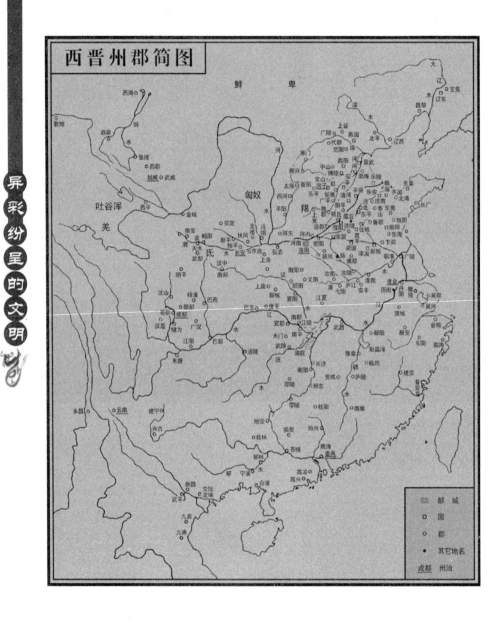

西晋州郡简图

异
彩
纷
呈
的
文
明

屯田民一部分转化为国家的编户，一部分成为私人的佃客。司马炎罢农官以及屡次责令郡县官劝课农桑，严禁私募佃客，在客观上起了促进生产发展的作用。泰始四年（268）正月，贾充主持修订的新律修成，依汉律9章增11篇，合20篇，620条，都是稳定性的条文，以正刑定罪，不入律的临时性条款，都以令施行，律、令共2926条，此外，又以常事品式章程为故事，各归本官府执掌。晋律、令、故事，成为后世法律形式范本。泰始二年（266）、四年（268），司马炎屡次下诏书责成地方官必须致力于省徭务本，并力垦殖；务必使地尽其利，禁止游食商贩。泰始五年（269）十月，汲郡太守王宏执行政策得力，引导有方，督劝开荒5000余顷，在饥荒年许多地方粮食欠缺的情况下独汲郡不缺，为此司马炎特下诏表彰王宏，鼓励天下官民垦田。晋泰始四年（268）十一月，司马炎下诏要求王公卿尹及郡国守相，举贤良方正直言之士。十二月，颁五条诏书于群国：一正身，二勤百姓，三托孤寡，四教本息末，五去人事。至此，司马炎大致完成了称帝改制的任务。

竺法护入白马寺译经

晋泰始二年（266），著名僧人翻译家竺法护在长安（今陕西西安）清门内白马寺中开始翻译佛经。

竺法护，祖籍大月支人，俗姓支。世居敦煌（今属甘肃），也称"敦煌菩萨"、

异
彩
纷
呈
的
文
明

洛阳白马寺齐云塔

"敦煌开士"，18岁出家，从师于竺高座，随当地风俗改姓师，竺法护的音译是竺昙摩罗刹，意译为"法护"。他博览儒家典籍，涉猎百家之言，后来随师傅游学于西域各国，通晓西域36种文字，回中国时，携带回大量梵语典籍。从晋泰始二年开始译经，共译出佛经154部，309卷（实为322卷，一说为175部，354卷，现存84部，188卷）。他译的佛经对后世影响较大的有《光赞般若经》、《正法华经》、《渐备一切智经》、《弥勒成佛经》、《普曜经》等。他所译经论多属大乘经典，为大乘保教在中国传播开创了局面。其中《弥勒成佛经》是佛教弥勒信仰的"弥勒三部经"之一。晋永安元年（304）后，关中战乱频仍，竺法护携门徒避乱车下。后在渑池（今属河南）卒，年78岁。

张杜律形成

西晋武帝泰始三年（267）年，《晋律》颁布实行。《晋律》又名《泰始律》，是贾充等人奉晋王司马昭之命在汉、魏律的基础上删改而成。全律共20篇，620条，27600余字。《晋律》颁布后，明法橼张斐和河南尹杜预各为之作注。张著《律解》20卷，杜著《律本》21卷，他们的注释不但审慎、详细，而且兼采汉、魏以来世代律家之长，因此作为《晋律》的辅助内容与正律发挥同样的作用，并受到西晋政府的重视。后经晋武帝批准并"诏班天下"使

异彩纷呈的文明

之与《晋律》具有同等的法律效力。为此，后人常把《晋律》和张、杜的律注视为一体，统称"张杜律"。"张杜律"不同于汉、魏律之处除了以注释辅助正文的立法形式外，内容上更多强调司法中礼、律并重。秦汉的法律主要是以法家思想为指导来制定的。魏晋时期，由于儒家思想逐渐渗透到社会生活的各个领域，因此，儒家经典也逐步取得了与法律并驾齐驱的重要地位。原属于礼制范围的服制定入法律，作为定罪量刑的标准之一。

"张杜律"的颁行，尤其是以注释辅助正文的立法形式和礼、律并重的原则，使《晋律》更贴近现实生活，也更容易为执法官吏所掌握和援引，所以它对后世的影响也比较大。南北朝各代法律大都是经《晋律》为蓝本制定的；而且《晋律》对隋、唐时期的法律制定也提供了理论依据，唐朝的《永徽律疏》就是对"张杜律"的继承。

吴攻晋

吴宝鼎三年，晋泰始四年（268）十月，吴帝孙皓到东关（今安徽巢县东南），命令施绩攻打江夏（今湖北安陆北），万彧攻襄阳（今湖北襄樊），十一月，丁奉，诸葛靓攻打合肥（今安徽合肥西北），吴以三路攻打晋。晋荆州刺史胡烈击败了施绩。晋汝阴王安东将军司马骏守合肥，丁奉等人失败而还。同年，吴派交州刺史刘俊、前部督修则、将军顾客先后三次攻打交趾（今越南河内东北），都被晋交趾太守杨稷打败。十月，杨稷又派将军毛炅、董元攻打合浦（今广西合浦北），大败吴兵，刘俊、修则战死。

吴建衡元年，晋泰始五年（269）十一月，孙皓又派薛珝为威南将军、大都督，与苍梧太守陶璜、监军虞汜从荆州道，监军李勖、督军徐存从建安（今福建建瓯南）海道出发，在合浦（今广西合浦北），再次攻打交趾。第二年夏，李勖因海路不顺率兵还。吴建衡三年、晋泰始七年（271）四月，陶璜袭击并杀死晋九真太守董元，七月，薛珝、陶璜领十万兵，攻陷交趾城，杨稷被遣送到合浦后病死，毛炅被修则子修允杀死，九真（今越南清化西北）、日南（今越南美丽）都降了吴。

吴建衡二年、晋泰始六年（270）正月，吴国古大司马左军师丁奉攻打晋涡口（今安徽怀远），晋扬州刺史牵弘顽强抵抗，丁奉退兵。

吴屡次攻打晋，都遭到晋顽强抵抗。

吴国彩绘人物扁形漆壶残片

谯周攻史

谯周（约 201~270），字允南，巴西西充（今四川西充）人，史学家，精通经学，善书写札。

蜀建兴（223~237）中，诸葛亮领益州牧，谯周被任命为劝学从事，蒋琬为益州刺史时，谯周为典学从事，总管一州之学者，后来他又被任命为太子家令，中散大夫、光禄大夫。蜀延熙二十年（257）十二月，谯周因姜维屡兴攻伐，于是写《仇国论》以讥讽。蜀炎兴元年（263）谯周劝后主刘禅降魏，之后官至阳城亭侯、骑都尉、散骑常侍。晋泰始六年（270）冬，谯周去世，年约 70 岁。

谯周一生精研六经，耽古笃学，是蜀中儒学大师。著有《古史考》25 卷，依据古时典籍以纠正《史记》记载先秦史事中出现的失误，今天已佚失，仅存清代辑本两种各一卷。另外著有《蜀本纪》、《论语注》10 卷，《五经然否论》5 卷，《法训》8 卷，《五教志》5 卷，都已佚失。现在只有《仇国论》、《谏后主疏》、《谏后主南行疏》等文。谯周主要精力用在史学上，为史学发展作出了贡献。

西晋

271 ~ 280A.D.

271A.D. 晋泰始七年 吴建衡三年

吴帝孙皓大举兵围攻晋，晋遣将屯寿春拒之，吴师中道罢。七月，吴陶璜等破交趾、俘晋将杨稷、毛炅等，炅不屈死，九真、日南皆还属于吴。地图学家裴秀去世。

272A.D. 晋泰始八年 吴凤凰元年

八月，吴西陵督步阐叛降晋，陆抗遣将围之，晋援阐之兵不得进，阐败被杀，夷三族。哲学家、文学家向秀去世。

273A.D. 晋泰始九年 吴凤凰二年

四月，吴帝杀侍中领左国史韦昭。晋选公卿以下女备六宫，采择未毕，禁国内婚嫁。

276A.D. 晋咸宁二年 吴天册二年天玺元年

二月，东夷八国附于晋。七月，东夷十七国附于晋。鲜卑阿罗多等扰晋边，西域戊己校尉马循击破之，杀鲜卑四千余人，获生九千余人，阿罗多等请降。

278A.D. 晋咸宁四年 吴天纪二年

十月，晋遣将攻吴皖城，杀五千人，焚积谷百八十余万斛，践稻田四千余顷，毁船六百余艘。

279A.D. 晋咸宁五年 吴天纪三年

十月，匈奴余渠都督杨雍等帅部降晋。汲郡人不准掘魏王冢，得竹简古书十余万言，藏于秘府。

280A.D. 晋咸宁六年 大康元年 吴天纪四年

三月，晋王濬下建业，吴帝孙皓降，吴亡。四月，赐皓爵归命侯。杜预还镇，引滍、淯水灌田万余顷，开扬口以通零陵、桂阳之漕。六月，东夷十国内附。是岁，凡有州十九，郡国一百七十三，户二百四十五万九千八百四十。

271A.D.

波斯王萨浦尔一世死，子荷米斯达斯一世立（271～272）。萨浦尔晚年大事修建，波斯艺术又得到新的发展。

罗马皇帝奥利利安击退阿拉曼尼人，修筑长城以防蛮族侵入。

异彩纷呈的文明

王濬造舰于蜀中

晋男侍俑

172 年正月，汶山（今四川茂县北）白马胡兵侵扰各族。益州刺史皇甫晏出兵抵抗白胡的进攻，他手下门将张弘设计杀死皇甫晏，反说皇甫晏有反晋之心。广汉（今四川战都平原以东）太守王濬发兵进攻张弘，接着王濬又征服了少数民族胡人的搔扰，平定了益州。晋武帝正在与羊祜商量如何灭吴的大计，看到王濬平定益州，羊祜便向晋武帝密陈让王濬留在益州治水军。晋泰始八年（272）夏，晋武帝下诏任命王濬为益州刺史，王濬到益州后奉诏罢屯田兵。大作舟舰，搞得轰轰

王濬像

烈烈。益州别驾何攀认为屯田兵只有五六百人，如果造一艘大船的话，后面部分还没有造好，船前头部分早就腐朽了，何攀建议不如召集各郡兵士几万人在一起连续造船，这样一艘大船便可在年末的时候造成。王濬听从了他的建议，于是万余士兵聚集在一起大造战船。到完工时，大舰长一百二十步，可容纳2000余人，船上用木材筑成城楼，四周都有门，而且船上可骑兵往来，规模确实很大。时人对此评论："舟楫之盛，自古未有。"

王濬造舰，为晋攻吴作好了准备。

异彩纷呈的文明

荀勖造笛律校正管口

西晋泰始十年（274），荀勖设计并制造了一套笛律，并解决了"管口校正"问题。

荀勖（？~289），魏晋间乐律学家，字公曾，颍阳（今河南许昌）人，开始任职于魏，晋朝时任中书监，泰始五年（269）升任光禄大夫，主管乐事，逝世时官居尚书令，被封为"济北成侯"。

所谓笛律，是一种特制的，有固定长度和型制的笛，用来为奏乐的各种乐器调校音高，起正律器的作用。荀勖制造的这套笛律，型制如现代直吹的箫，共12支，分别以十二钟命名为黄钟之笛、大吕之笛等等。

笛律在吹奏时，由于空气振动引起的气柱长与管长之间有一定差距，故需对管长和孔位加以调整、校正，这在现在律学中通称"管口校正"。校正管口，除了上面提到的管长和孔位外，还涉及到管径、侧孔位置、吹口等等，是一个十分复杂的问题，荀勖根据他的实际经验及复杂的计算与检验，得到了某律管的管口校正数相当于该律律长与比它高四律的律长之差的计算公式。可表示如下：

$$k=A°-{}^{64}/_{81}A°$$

如黄钟笛的管口校正数 k 等于黄钟律长 A° 减去姑洗律（高于黄钟四律）的律长 ${}^{64}/_{81}A°$；所得的校正数 k 就是黄钟笛上宫音（黄钟宫）孔位与吹口的相距长度短于其空气柱长的差数；再由三分损益法计算而得的黄钟笛长减去该校正数值 k，即得黄钟笛的实际长度，其他 11 笛的管口校正数与笛的实际长度，依此类推。

荀勖笛律在"管口校正"数据方面的成就，是管口校正规律的最早发现，对中国律学史和世界律学史都是一个贡献。

司马炎诏造六宫

晋泰始九年（273）七月，晋武帝发布诏书，号令天下公卿以下的人家准备女儿入选六宫，如果有故意隐藏不报或者是逃避者都以不敬论罪。一时间天下哗然，有女儿的人家每天都诚惶诚恐、提心吊胆地过日子。

在选美入宫过程中，晋武帝非常喜欢卞氏女，想选她入宫充当妃子，杨皇后告诉晋武帝卞氏三世都是皇后世家，地位显贵，千万不能把她入选进宫，否则有辱尊贵，而且她也不可如此屈从这种卑位。晋武帝听后大怒："我堂堂一国之主，我想要的谁也阻拦不了我！"他不再要杨皇后选美，而是亲自去挑选合适的女子，在一大群待选女子中，晋武帝看中了的就在手臂上以红纱缠绕，凡选上的女子，如果是公卿之女则封为三夫人，如果是九嫔、二千石、将校以下之女补良人以下。

晋武帝如此选美，使得当时社会的许多人家不再愿意生女儿，在应诏入选的强大社会压力下，许多女子穿破衣服，故意将容貌搞得污秽不堪借以逃避入选六宫的厄运。晋泰始十年（274）三月，晋武帝诏取良家及小将吏女五千人入宫挑选，母女号哭于宫中，声闻于外。

汲冢竹书出土

晋咸宁五年（279）十月，汲郡人不准盗掘魏襄王冢，盗得古竹简书10车。

不准盗得的一大堆竹简书中，有魏国书"纪年"13篇，记叙夏朝以来至魏安釐王2000年事，其中所叙之事与经传所载的有很大出入，是一笔很值得研究的宝贵历史财富；有《穆天子传》等5篇，叙周穆王游行四海之事；另外还有其他一些书总共几十篇，整个竹简书加起来大概有10余万字。竹简上的字都是蝌蚪文，是用漆书写在竹简上的，每片竹简写有46个字。因年代久远，加上盗墓者破坏，墓中挖掘出来的竹简多数简札散乱，残缺不齐，竹简出土以后，司马炎（晋武帝）下令将它收藏起来，由学者荀勖、和峤、杜预等人略加整理，依据竹简提供的材料整理出15部，87卷。

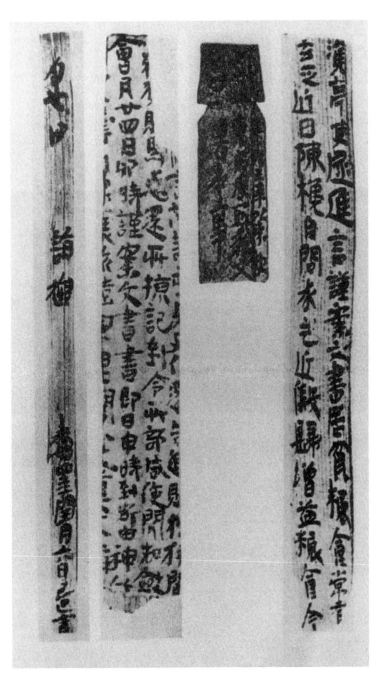

晋木简

在荀勖、和峤之后，卫恒、束皙相继完成最后的整理工作，并把它译成今文。总共花了十年时间，终于整理出了《穆天子传》、《竹书纪年》，《汲冢琐语》3 部书。

西晋牛耕壁画

西晋牧马壁画

司马炎诏令以官奴婢代兵屯田

西晋庄园生活壁画

咸宁元年（275）十一二月，在兵屯每况愈下的情况下，晋武帝诏令以官奴婢代田兵种稻。晋泰始年间，大部分民屯都已经取消，但一直实行下来的兵屯却仍然保持下来。实行兵屯，一方面

可以减轻国家对军队的负担，同时也可让军队在和平时期不丧失应有的活力和朝气。西晋政府规定屯田兵用官牛者，收获物按 8 ：2 分成，政府占八，士兵占二；用私人牛者，收获物按 7 ：3 分成，即政府占七，士兵占三，这样的比例与曹魏兵屯六四分或对半分相比，政府的剥削量提高了许多，屯田兵面对这样的境况，生产积极性肯定受到严重的挫伤。为了获得更多的利益，晋武帝司马炎下诏："以邺奚官奴婢著新城，代田兵种稻，奴婢各 50 人为一屯，屯置司马，使皆如屯田法。"这种在兵屯每况愈下的情况下将官奴婢组织起来代兵屯田的做法实际上是将兵屯改变为民屯，虽然说这样做仍然是实行屯田法，但用官奴婢代田兵种稻，身份有所改变，对稳定军心、对农业生产的积极性的提高是有很大帮助的。

司马氏诸王就国

　　为了加强中央对地方政权的控制，晋泰始初年（265），司马炎即分封宗室 27 人为王，每人分有自己的领地和范围，但是各路诸王并没有到他们封地去，而是留在都城洛阳。一直到晋泰始末年，诸侯王国仍然形同虚设，皇帝控制地方的力量则是出任都督的四五个宗王。咸宁三年（277）八月，卫将军杨珧、中书监荀勖等陈请诸王就国，司马炎采纳了这个建议，下诏令天下诸王"无官者皆遣就国"，诸侯只好"皆涕泣而去"。

晋遣诸王就国，于是，徙扶风王亮为汝南王，任镇南大将军，督豫州军事；琅邪王伦为赵王，督邺城守事；勃海王辅为太原王，监并州军事；以东莞王伷在徐州，徙封琅邪王；汝南王骏在关中，徙封扶风王。太康年间，攸、伷、骏等王相继病死。十年后，任命汝南王司马亮为侍中、大司马、假黄钺、大都督，督豫州军事；南阳王东为秦王，都督关中军事；始平王玮为楚王，都督荆州军事；濮阳王允为淮南王，都督扬、江二州军事，并假节之国，诸王封国皆在所督区域内。

诸王就国和徙国就镇是司马炎巩固其政权采取的必然重大措施，在（277～290）14年中得到严格的执行，司马炎死后，它的结果适得其反，出现了西晋的"八王之乱"。

孙吴碑刻异军突起

东汉末年，隶书的发展已登峰造极，挑脚潇洒自然，形态精美多姿，但为强调波挑的装饰性，书写的程式化，使得挑脚变得齐整，波势渐趋方直，起笔追求方截，走进千篇一律、无法创新的死胡同。

到了魏晋，这种定型化的隶书更是穷途末路、江河日尽，消亡渐成必然的趋势。

汉魏之际，隶书的衰颓使得碑刻隶书也走向下坡路，虽书体方正，气势

THE CHINESE CIVILIZATION

异彩纷呈的文明

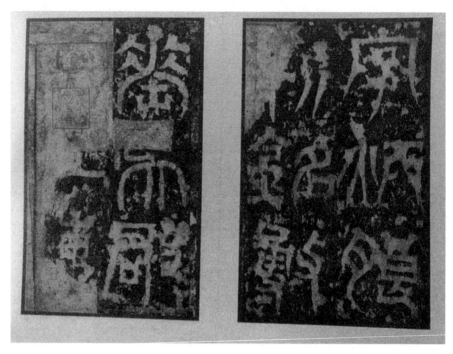

吴国天发神谶碑（局部）

庄严，但缺少生趣，书风雷同，艺术魅力大减。

此时，江南碑刻却异军突起，在这颓废的局面中现出异彩。这就是孙吴的《天发神谶碑》、《禅国山碑》和《谷朗碑》。

《天发神谶碑》不同于秦代的篆书，也不同于当时的隶书，笔意介于二

吴国天发神谶碑

者之间，结体以圆驭方，下笔时先如隶书的斩截，但收笔时，加上了尖锋悬针似的垂脚，刚劲利落而又气势雄伟，奇恣峻拔，且蕴藉无穷。在魏晋碑体中独具特色，姿态非凡。

《禅国山碑》是篆书体，书法浑厚，但结体又与隶体相通，别具风格。

《谷朗碑》，全称《吴九真人守谷朗碑》，吴凤凰元年（272），立于湖南耒阳杜公祠。与立于黄初年间（220～226）的《上尊号奏》、《受禅表》、《孔羡碑》三魏碑相比，变化很大。《谷朗碑》字形结构虽仍有隶书痕迹，但笔法已从隶体中脱化而出，表现出新的体势，初步具备了楷书书体的特点，把它定为最早的楷书碑刻也情在理中，这对于了解汉字书体从隶到楷的演进过程意义重要，在数量不多的此类碑刻中弥足珍贵。

孙吴碑刻力求在肃穆雅正而又呆板繁难的

吴国谷朗碑

隶体碑风之外开拓生机，或崇古返篆，或创新迎楷，这昭示着隶书确已陷入举步维艰的境地。仿古可以偶而为之，在出奇不意中引动兴志，楷化则真正体现了碑刻艺术的走向，隶书消亡，楷书兴起，成了必然的发展趋势。

异彩纷呈的文明

羊祜病逝

吴国禅国山碑

羊祜像

咸宁四年（278）十一月，尚书左仆射、都督荆州诸军事羊祜病卒，终年58岁。羊祜（221～278）字叔子，泰山南城（今山东黄县西南）人，蔡邕外孙，司马师景皇后同母弟，九世均为二千石官，其妻为夏侯霸女，魏晋之际，征拜中书侍郎，封钜平子，累迁至中领军，晋代魏，进号中军将军，加散骑常侍，进爵为侯，迁尚书仆射、卫将军，晋泰始五年（269）出任都督荆州诸军事，屯田储粮。缮甲训卒，广布恩信，为灭吴作准备。加车骑将军，开府仪同三司。曾经因为救援吴降将步阐而败于吴陆抗，被贬为平南将军。晋咸宁初，进位征南大将军，与晋武帝密谋攻吴，上表请留王濬为益州刺史，密令造船，为灭吴打下坚实基础。晋咸宁四年（278），因病返回朝廷，向晋武帝当面陈述伐吴的有关计谋，病重的时候，推荐杜预代督荆州。不久以后，晋咸宁四年（278）十一月病逝，武帝痛哭，荆州之民闻之莫不号恸，巷哭声相接，为之罢市，吴守边将士亦为之泪下，襄阳人因为羊祜生前好游岘山（今湖北襄阳南），遂于其处建庙立碑，岁时祭祀，望其碑者，莫不流涕。杜预因此给这块碑立名曰"堕泪碑"，以示后人对这位劳苦功高的贵人的尊敬和爱戴之情。

羊祜病逝后谥号成侯，追赠侍中、太傅。羊祜一生多才多艺，曾著《老子传》二卷，文集二卷，均佚，今存《让开府表》、《请伐吴疏》等篇目。

西晋灰陶加彩女俑

吴国陶俑头

晋军灭吴

晋武帝司马炎称帝后便着手准备灭掉吴国。晋泰始五年（269），晋尚书左仆射羊祜都督荆州诸军事，经常操练士兵，增强军队的战斗力。同时羊祜镇守襄阳，经常与晋武帝在宫中商量盘算灭吴的大计，羊祜为晋灭吴做了大量的准备工作。晋咸宁四年（278）羊祜病逝，司马炎任命杜预为镇南大将军都督荆州诸军事，以继续羊祜未竟的大业。

279年，杜预和王濬上表晋武帝请求发兵征讨吴国。朝廷中张华等主战派也努力排除贾充、荀勖等人异议，奉劝晋武帝发兵，司马炎同意了请求，

THE **CHINESE** CIVILIZATION

吴国青瓷飞鸟百戏罐（局部）。此器盘口鼓腹，盘口上堆一葫芦形，葫芦形体上堆塑有百戏人物、鸟兽等。正面为三层庑殿式楼台，四周有头戴高冠的杂技乐舞人物。

异彩纷呈的文明

西晋越窑堆纹瓶。堆纹瓶由汉代的五联缸发展而来，制作复杂，内容丰富，是三国西晋时越窑中的贵重器物。

任命张华为度支尚书，主持伐吴大计，掌管漕运粮饷，同时，下诏伐吴。

司马炎按羊祜生前所提方案，部署六路大军，20万人，以太尉贾充为主帅，冠军将军杨济为副统帅，齐头奔进，大举伐吴。

镇军将军琅邪王司马伷出涂中，安东将军王浑出江西，建威将军王戎出武昌，平南将军胡奋出夏口，镇南大将军杜预出江陵，龙骧将军王濬、巴东监军唐彬下巴蜀。

晋军一路所向披靡。所至皆克，晋咸宁六年（280）正月，杜预攻向吴江陵（今湖北），正月十七日攻克江陵，斩吴江陵督伍延，于是沅湘以南至交、广州境，吴州郡均降晋。二月初一，王濬、唐彬率晋军水军从蜀顺流而下，击败吴丹阳监盛纪，吴人在江渍要害地方用铁锁拦截，又造大铁锥，长一丈

余，放置江底，抵抗晋水军，王濬于是造大筏数十，顺水放筏，遇铁锥，锥都刺在筏上附筏而去，又造大炬，长十多丈，大数十围，用麻油灌满放在船的前面，遇到铁锁，就点着大炬把它烧断，于是晋水军船行无阻。二月初三，王濬攻克西陵，初五，再下荆门，初八，杀吴水军都督陆景，十八日，王濬、王戎与胡奋共取夏口（今湖北武汉）、武昌（今湖北鄂县）。

晋咸宁六年（280）二月，杜预与各路晋军于武昌召开军事会议，有人提出等来冬进军，但杜预认为晋军兵威已振，势如破竹，应一鼓作气，于是他向各路大将面授进攻方略，乘胜直取建业（今江苏南京）。果然，晋军扬帆东下，吴军非溃即降。

晋咸宁六年（280）三月，晋龙骧将军王濬自武昌直取建业，吴帝孙皓遣游主将军张象率水军万人抵抗，吴军望旗而降，王濬兵甲满江，旌旗烛天，威势甚盛，这时王浑、司马伷都逼近建业，吴帝孙皓依光禄勋薛莹、中书令胡冲等的建议，分别派使者奉书给王浑、王濬、司马伷请降。三月十五日，

王濬水军过三山（今江苏南京长江边），王浑要王濬暂停战事，王濬举帆直指建业，回报说："现在风向正合适，不能将船停下。"当日，王濬就率领八万士兵、百里船队进入石头城（今江苏南京北郊）。吴帝孙皓向王濬投降。至此，吴国灭亡。全国复归统一。

异彩纷呈的文明

荀勖编《中经新簿》

晋咸宁（275～280）中，在中书令张华等人合作下，荀勖在郑默《中经簿》的基础上，编成《中经新簿》。《中经新簿》是一部目录书，在这部书中总共所载图书共计1885部，2935卷，规模巨大，体制繁复，这部书总共分为四部——甲：经书、文字学；乙：诸子、术数；丙：史、杂；丁：文学、汲冢书，是一部比较全面的目录书。

《中经新簿》的装帧十分精美，"盛以缥囊，书用细素"是对它装帧的最好概括。这部书首次记录了亡佚书，可以说它开了目录学者佚书的先例，而且，这部书的四部分类法也是出版史上一次大的变革，它总结了前人的优秀成果，同时也为后来经、史、子、集四部分类法提供了借鉴。

杨泉不受征官

　　杨泉，字德渊，梁国（今河南商丘南）人，生卒年不详，三国时，他居住在吴越（太湖周围）一带，没有做官。晋太康元年（280）吴亡后，晋会稽相朱则上书晋武帝，积极推荐杨泉，晋武帝下诏征杨泉为侍中。杨泉对做官没有多大的兴趣，对晋武帝的征诏采取忽略的态度。

　　杨泉是吴国的一个著名哲学家，对天文、地理非常精通，对医学、农学、机械工艺等也颇有造诣。他一生著述甚多，有《物理论》十六卷。主张人死神灭，认为由"水"产生的"气"是万物形成和运动的基础，反对玄学虚无之谈，天文上主张宣夜说，反对浑天说和盖天说，原书于宋代佚失，今存清辑本、补遗各一卷。另有《太玄经》十四卷，文集二卷，均佚，今存《织机赋》、《蚕赋》、《草书赋》等赋5篇。

异彩纷呈的文明

陈卓绘《全天星图》

晋太史令陈卓在继承前人成就的基础上把当时天文学界石申、甘德、巫咸三家学派所绘星图并同存异，在经过充分的分析对比研究之后，合而为《全天星图》。

在《全天星图》这幅反映当时最高成就的天文图上，共绘星二百八十三宫（组），一千四百六十四颗。这个数目在当时所有的星图中是最多的，而且影响也是最大的，陈卓的星宫体系一直被后世的天文学家奉为圭臬。沿用了一千多年一直没有更改，直到明末天文学才有了新的发展。

晋颁户调式等制度

晋灭吴后统一中国。约晋太康元年（280），晋颁布国家的基本经济、财政制度——户调式。户调式包括占田制、课田制、户调式、限田制以及荫亲荫客制等，对于促进社会稳定，保持经济发展起了积极的作用。

所谓"占田"，就是国家准许农民有权占有法令上所规定的田亩。晋朝规定：男女年十六以上至六十为正丁，十五以下至十三、六十一以上至六十五为次丁，十二以下及六十五以上为老小，正丁男子占田七十亩，女子三十亩。所谓"课田"，讲的是督课耕田之意，国家按课田数征收田租，丁男课田五十亩，丁女二十亩，次丁男二十五亩，次丁女及老小不课，每亩课田租米八升，远夷不课田者输义米，户三斛，远者五斗，极远者输米不便，改输算钱，人二十八丈。晋颁行户调式：丁男之户，每年输绢三匹，绵三斤，丁女及次丁男为户减半，边郡户输三分之二，远者三分之一，夷人输布，每户一匹，远者成一丈。晋朝颁行限田制，规定官员一品可占田十五顷，以下每低一品减田五顷，至第七品占田十顷；王公以国为家，在京师得有住宅一所，大国王在近郊可占田十五顷，次国王十顷，小国王七顷。

晋朝颁行荫亲荫客制，除官员不课田，不邀户调外，可按官位高低，荫其亲戚，多者及九族，少者三世，宗室、国宾、先贤之后及士人子孙亦同，

又得荫人以为衣食客及佃官，第六品以上得荫衣食客三人，七品八品二人，九品一人，荫佃官第一第二品者不得超过五十户，第三品十户，第四品七户，第五品五户，第六品三户，第七品二户，第八、第九品一户。户调式制度的实施，是晋代独具的一个特色，晋武帝司马炎通过制定类似措施增强了国力。

赵爽证勾股定理

赵爽（约 223～280），字君卿，一名婴，是西晋著名数学家，他在数学方面的造诣特别深厚，幼时特别喜欢数学，成年后写了大量的有关数学方面的书籍，很出名的《周髀算经注》便出自他的笔下，《日高图说》和《勾股圆方图说》是赵爽所著的两本数学专著，这两本书现在还很好地保存着。

在《勾股圆方图说》一书中，赵爽在充分总结前人成就的基础上，用出入相补的原理成功地证明了勾股定理，至今这部书里还留有当时的计算残图，赵爽用他数学家具有的决断和睿智对勾股弦的各种关系和二次方程解法都从几何学的角度去加以证明。赵爽对勾股定理的研究和探讨使得勾股定理在数学上的地位越来越重要，约晋太康元年（280），赵爽病逝，终年约五十八岁。

《脉经》书影。我国现存最早的脉学专著，西晋太医令王叔和撰。系统地总结了魏晋以前的脉学成就，厘定了二十四种基本脉象，成为后世脉诊的规范。

《脉经》最早总结脉学

　　《脉经》是我国现存最早的一部系统论述脉学的专著，由晋代医学家王叔和于西晋初年（266）至武帝太康三年（282）间撰成。历史上还出现过其他《脉经》，如隋唐时期黄公兴、秦承祖等所著的《脉经》，但均已佚失。

　　王叔和的《脉经》是对3世纪以前脉学的系统总结，共10卷，摘录了《内经》《难经》、《伤寒论》、《金匮要略》及扁鹊、华佗等有关论说。对脉理、脉法进行阐述、分析，首次把脉象归纳为浮、芤、洪、滑、数、促、弦、紧、沉、伏、革、实、微、涩、细、软、弱、虚、散、缓、迟、结、代、动等24种，对每种脉的形象、指下感觉等作了具体的描述，并指出了一些相似脉象的区别，分8组进行排列比较，初步肯定了左手寸部脉主心与小肠、关部脉主肝与胆，右手寸部脉主脉与大肠、关部脉主脾与胃，两手尺部主肾与膀胱等寸关尺三部的定位诊断，为后世中医脉学的发展奠定了重要的基础。唐宋医学校将该书作为主要的教科书之一。《脉经》一经问世，即流传到阿拉伯、日本等国家，对当地脉学的形成和发展产生了深远的影响。

裴秀创"制图六体"·中国最早的历史地图集出现

裴秀（224~271）是西晋著名地图学家，字季彦，河东闻喜（今山西闻喜）人，生于世宦之家。他自幼好学，少有才名，司马炎代魏称帝后，他任尚书令和司空，负责佐理国家军政大权，同时负责管理国家的地图和户籍，这些工作使得他有条件阅读审理国家收藏的大量图籍文献，加上他的勤奋钻研，裴秀成为中国历史上一位杰出的地图学家。

约在泰始四年至七年（268~271），裴秀主编完成《禹贡地域图》18篇，它是中国目前有文献可考的最早历史地图集，并在序言中提出了绘制地图的6项原则，即著名的"制图六体"，为中国传统地图（平面测量绘制的地图）奠定了理论基础，裴秀因此被称为中国传统地图学的奠基人。

"制图六体"是：一曰分率（比例尺），用于测定地区的大小；二曰准望（方向），用于确定各地物的方位；三曰道里（距离），用于确定道路的里程；四曰高下（高取下，取下为水平直线距离）；五曰方邪（方取斜，取斜为直线距离）；六曰迂直（迂取直，取直为直线距离）。这六项原则归纳起来也就是现代地图学所论述的比例尺、方向和距离 3 要素，说明绘制地图必须制定比例尺，测出地物之间的方向，并求得各地物间的水平直线距离。裴秀还指出这"六体"的作用和相互关系，他认为，六体必须综合运用，互相参考，否则就不能正确绘制出反映实际地貌的地图来。

裴秀的制图六体是他的科学创造，也是对三世纪以前中国制图工作的经验总结。

他的绘图六法即是完整的矩形网络绘图法，是与经纬制图不同的第二大体系。这个方法出现以后，唐宋中国人的地图工作极为发达，并且向大规模发展，现存西安碑林的中国地图已很精确，元代朱思本的中国地图和大明地图也是有世界意义的。而西方直到一千多年后才出现精确的经纬制图。

异彩纷呈的文明

281～290A.D.

西晋

281A.D. 晋太康二年

三月，以所俘吴人赐王公以下，选吴宫人五千人入宫。十一月，鲜卑侵辽西，平州刺史鲜于婴击破之。

282A.D. 晋太康三年

九月东夷二十九国归附，奉献方物。朱士行弟子弗如檀带回《大品般若经》。

医学家、历史家皇甫谧去世。

284A.D. 晋太康五年

闰十二月，杜预死；预撰有《左传注》等书。是岁刘毅上书陈九品中正法有八损，请废除之，改用土断；未行。塞外匈奴胡太阿厚帅部二万九千三百人来降，处之西河。

285A.D. 晋太康六年

是岁，慕容删为部下所杀，群众迎廆立之。廆请击鲜卑宇文部，晋不许，廆怒，攻辽西，幽州军大破之于肥如。廆击扶馀，扶馀王依虑自杀，子弟走保沃沮，廆俘万余人而归。

286A.D. 晋太康七年

五月，慕容廆攻辽东。七月，东夷十一国内附。匈奴胡都大博及萎莎胡各帅种落十余万口诣雍州降。

287.D. 晋太康八年

八月，东夷二国内附。是岁，匈奴都督大豆得一育鞠等帅种落万一千五百口来降。

290A.D. 晋太熙元年 晋孝惠皇帝司马衷永熙元年

四月，晋武帝死，皇太子衷嗣位，是为孝惠皇帝。十月，以刘渊为建威将军、匈奴五部大都督。

281A.D.

罗马皇帝普罗斯为军士所杀，禁卫军长官恺鲁士即位（281～283）。在此时期，巴格迪革命运动又起，士兵亦纷纷参加。

284A.D.

罗马选举宫廷卫兵指挥官戴克里先为皇帝（284～305）。戴克里先彻底废除元老议会参加帝国行政的权利。戴克里先创立两个皇帝同时统治的制度，皆称奥古斯都，一个皇帝统治东方，一个皇帝统治西方，一切诏命皆由两个皇帝共同署名。

左思咏史·洛阳纸贵

太康三年（282），左思所作《三都赋》蜚声文坛，豪家富室竞相购纸传抄，致使洛阳城内纸价飞涨，时人有"洛阳纸贵"之叹。

《三都赋》是由《蜀都赋》、《吴都赋》、《魏都赋》三篇独立而又相联结的赋组成，洋洋万言，体制宏大，文采富丽，记述三国鼎立时期各都城的山水物产、风土人情。此赋的写作方法及风格虽与班固的《两都赋》及张衡的《二京赋》相似，但它的思想

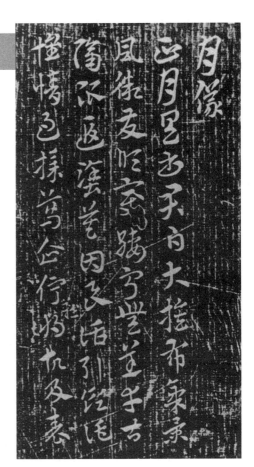

西晋索靖月仪帖

主题则不是传统的"劝百讽一",而是征信求实的文学主张的体现。因此《三都赋》在后期大赋中占有重要地位。

左思是西晋文学家,字太冲,临淄(今山东淄博)人,生卒年不详,《三都赋》、《咏史》为其代表作。他貌丑口讷,不好交游,但文思飞扬,辞藻壮美,名重一时。泰始八年(272)前后,因其妹左棻被选入宫,他随全家迁居洛阳,曾任秘书郎。元康末年,他为之讲《汉书》的贾谧获罪被诛,于是退居宜春里,专事典籍,辞疾不仕。太安二年(303),为避河间王颙部将张方纵暴而由洛阳移居冀州,几年后病逝。

他的诗歌代表作《咏史》诗8首,借古抒怀,连类引喻,在史实发微中唱出自己的抱负。左思早年颇有雄心,自视亦高,欲"左眄澄江湘,右盼定羌胡"(第1首),但他出身寒微,在门阀制度的压抑下总是郁郁不得志,心中充满不平与愤懑。在《咏史》第2首中,他揭示了"世胄蹑高位,英俊沉下僚"的不合理现象。第7首则借咏古代贤士的坎坷遭遇,痛陈"何世无奇才,遗之在草泽",尖锐地抨击了压制、扼杀人才的黑暗现实,也表述了自己怀才

晋纸书墓主生活图

不遇的苦闷。

《咏史》还以高度的自信、高昂的激情,声称:"贵者虽自贵,视之若埃尘;贱者虽自贱,重之若千钧。"

这样的诗句,掷地有声,令人激奋,于当时有重大意义。

《咏史》诗语言朴实,感情饱满。虽然抒发了内心的苦闷与忧郁,但并不消沉颓丧。诗中回荡着壮志难酬、雄心不死的悲凉,充盈着慷慨壮烈的阳刚之气,在"文体大坏"的西晋文坛上超然而起,代表西晋诗歌的最高成就,并对后来的陶渊明、范云、王勃等产生过影响。

刘毅请废九品中正制

晋太康五年(284)正月,刘毅上疏晋武帝司马炎,建议废除九品中正体制。九品中正制度最早制定于魏文帝曹丕统治时期,是一种选拔人才的制度。魏亡后,西晋沿袭了魏九品中正旧制。九品中正制度发展到西晋发生了极大的变化,完全丧失了原来唯才是举的积极功能,沦为维护当权封建士族阶级世袭特权的一种工具。很多有识之士纷纷谴责九品中正制度选拔人才只重视出身家世的弊端,指出在这种选拔制度下,那些饱食终日、碌碌无为的庸才因其出身地位显赫、高贵而被重用;相反,那些饱学之士,虽才华出众却因其出身寒门、地位低贱而不被重用,以致于造成"上品无寒门,下品无势族"

的不合理现状。

　　刘毅在上疏中，力陈九品中正制度的弊端，并归纳为八条：一、上品无寒门，下品无势族；二、重其任而轻其人；三、才德优劣易地，伦辈首尾倒错；四、中正纵横任意，无所顾惮；五、任己则有不识之蔽，听受则有彼此之偏；六、抑功实而隆空名，长浮华而废考绩；七、以品取人，非才能之所长；八、各任爱憎，以植其私。刘毅指出"古今之失，莫大于此"！提出废除九品中正制度，弃魏以来的旧制度，创建新的用人制度。

　　刘毅的政治主张得到了汝南王司马亮、司空卫瓘等人的支持、响应。但司马炎终因士族的强烈反对，没有采纳刘毅废除九品中正制度的建议。

儒将杜预去世

　　西晋太康五年（284）闰十二月，杜预去世。

　　杜预（222~284），字元凯，京兆杜陵（今陕西西安东南）人。祖父是三国魏尚书仆射杜畿，父亲为魏刺史杜恕。杜预出身于豪门世家，后来又娶司马昭的妹妹高陆公主为妻，官拜尚书郎。杜预对军事、政治、天文、地理等，都有极高的造诣，是西晋时期著名的将领和学者。曾修改历法，注解《晋律》。

　　杜预任度支尚书其间，提出 50 多条措施均为采纳而成绩卓著。咸宁四年（278）七月，司、冀、兖、豫、荆、扬等 6 郡大水，又发生虫害，灾情严重。

度支尚书杜预上疏，提出救灾方略：（1）决陂放水，（2）赊牛春耕。由于他提出的策略，既着眼于当时的饥荒，更有利于来年的恢复生产，积极可行，被晋武帝所采纳。黄河的孟津渡口，多少年来，一直是波涛汹涌，水流湍急，黄河两岸的船只常在这里发生船翻人亡的悲剧，阻碍了两岸经济的发展。历代的统治者都想在此建桥，而因种种原因失败。杜预经过精心计算，用古代联舟为浮桥的办法，终于建成了孟津桥。杜预还用齿轮相互推动的原理，建造连磨，可以用1头牛牵拉9磨；又在水车转动中同时使用几个舂米的机具，人们把它叫做"机碓"。杜预的这些发现，大大地促进了生产的发展。当时的人们，也因为他的博学多能，如同武库中无所不有，而送他以"杜武库"的美称。

"杜武库"是一名儒将。晋咸宁四年（278）继羊祜任镇南大将军，都督荆州诸军事。咸宁六年（280），率兵攻打吴国，下江陵，克吴荆州。进封当阳县侯。出镇襄阳，为平吴之功臣。杜预多次上书欲辞都督荆州之职，司马炎都不肯批准。杜预博学多识，尤其精通《左传》，自称有"左传癖"。撰有《春秋左氏经传集解》三十卷、《盟会图》、《春秋长历》及《女记赞》等著作。杜预在荆州任职期间，兴修水利，开杨口，起夏水达巴陵千余里，内泄长江之险，外面通零、桂漕运，促进交通运输。练兵讲武，兴办学校。还重修邵信臣遗迹，灌溉田地万多顷，荆州百姓深受杜预采取的措施的好处，时人尊称杜预为"杜父"。荆州还到处有歌谣称颂杜预说："后世无叛由杜翁，孰识智名与勇功。"

西晋青釉印纹四系罐

魏华存撰《黄庭内景经》

异彩纷呈的文明

　　魏华存（252～334），字贤安，任城樊（今山东济宁东）人，晋司徒魏舒之女，世称魏夫人。她聪颖过人，饱读书籍。小时候对中国的道教非常着迷，希望自己能成仙得道。经常食服那些能吐纳摄生的胡麻散、茯苓丸等药物，以求长生不老。24岁时被迫与太保椽刘文结婚，生两个孩子。不久以后，魏华存便因丈夫外任，孩子渐大开始悉心研究道家经典，成为一名虔诚

西晋象牙尺

西晋灰陶鞍马。这件着鞍灰陶马，虽无雄壮可言，但精神饱满，矫健多姿。鬃毛冲于前，马尾摆于后，鼻上圆球状装饰物别致生动，眼与鼻孔涂以朱色更增神采。

的道教徒。约在晋太康九年（288），魏华存得到《黄庭内景经》草本，并给它注述（或由道士口述，华存记录，并详加诠次），撰为定本。

《黄庭内景经》又名《太上琴心书》、《东华玉篇》、《大帝全书》、《上清黄庭内景玉经》，为七言韵文，以祖国医学人身脏腑各有所主理论为基础，结合道教人身百脉关窍各有司神之说，提示以"存思"为主的修炼要诀，是宗教思想与气功医学相结合的一部道书，被道教徒誉为"致神仙"、"不死之道"的真文，为早期上清派所崇奉，倾注了魏华存全部的心血，为道教和医学的发展做出了积极

的贡献，具有很高的价值。

魏华存因中原战乱，携子渡江，栖宿于衡山，她也因她撰定的《黄庭内景经》被道教徒尊奉为南岳真人、南岳夫人。

水磨大量使用

在中国古代，人们利用水能（动能或势能）为动力制造提水机具或加工机具的历史比较久远。如先秦对翻车（即今龙骨水车的前身）已有文字记载。到魏晋时水力机具的创制和使用就更为普遍，提水机具有水转翻车，水转筒车等，加工机具有水碓、水排、水磨、水转纺车等。其中，杜预对于水磨的改进影响较大。

在杜预之前，如西汉时期，作为粮食加工机械的水磨已经得到运用，但都是一轮一磨，水能利用率不高，工效也不大。杜预于是对其进行了改进。他将原动轮改成一具大型卧式水轮，在水轮的长轴上安装三个齿轮，各联动三台石磨，共9台水磨，称水转连磨。水转连磨的制成，大大提高了水能的利用。根据同样的原理，杜预还创制了"连机碓"，即用一个水轮带动几个或十几个碓，成倍提高了这种摧击式加工机械的效力。

水转连磨（包括连机碓）创制后，便迅速得到了推广使用，和此前已有的单磨一起，给当时人们的生活带来很大的便利。关于这种情况，魏晋史书

杜预制水磨模型

多有记载。如石崇有"水碓三十余区"，王戎"广收八方园田水碓"。王隐《晋书》记载刘颂为河内太守时，"有公主水碓三十余区，所在遏塞"，刘颂因而上表请封闭不用。

《全晋文》卷65嵇含《八磨赋序》说："外兄刘景宣作为磨，奇巧特异，策一牛之任，转八磨之重。"杜预的水转连磨还对北魏产生了影响。如北魏雍州刺史崔亮"续《杜预传》，见为八磨，嘉其有济时用，遂教民为碾"（《魏书》卷66《崔亮传》）。再如北魏洛阳的景明寺，"碾硙舂簸，皆用水功"（《洛阳枷蓝记》卷3）。可见当时水力转动的碾磨，在北魏也逐渐普及开来。

水磨水碓的大量使用，既反映了古代人民对水力的科学利用，也反映了中国古代粮食加工业的发展。

纸写书普及

随着造纸术的发明与发展，到了晋朝，纸写书得到广泛的推广与普及。

随着纸的普及运用，纸写书也应运而生，图书形式逐渐由简、帛向纸写书过渡。东汉人崔瑗曾用纸抄书送给朋友葛元；魏国曾将曹丕的作品《典论》和诗赋用纸书写一套，送给张昭，作为外交上的礼物；西晋，书籍已开始大量采用纸抄写的方式，左思著《三都赋》，引起很大反响，富贵人家争相抄写下来以作收藏之用，甚至一度造成"洛阳纸贵"。

等到了东晋，官府正式确立纸在抄写书籍上的地位。桓玄帝曾下令：废除简和帛，一律改用纸。从此，简帛时代宣告结束，图书进入纸抄书阶段，直至后来印刷术发明。

纸写本书初期，所采用的纸多以黄纸为主，这是一种经黄蘖汁处理后的纸。贾思勰的《齐民要术》卷三《杂说》中曾详细记载了用黄蘖汁处理纸的工序：将黄蘖泡在水中，泡出黄蘖汁，再将经过浸泡的黄蘖捣碎，煮沸，倒入布袋，

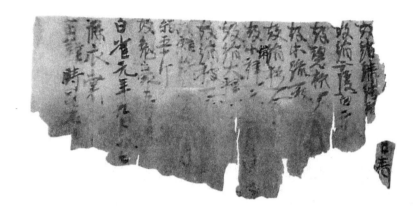

后秦白雀元年施胶纸。有"白雀元年（384）九月八日"的确切纪年。该纸色黄，有水浸纹。经检验，正面有淀粉糊剂再以细石蚜光，故称"白雀元年施胶纸"。这是中国发现的最早的施胶纸。说明中国在此以前已掌握了施胶技术。施胶的目的是为了增强纸的强度和抗水性，是造纸术上的进步。

用劲榨出汁液，再煮，再挤，如此三次，将挤出的汁与开始浸泡出的汁混合起来，用它来浸泡纸张，就可得到黄纸。经过浸泡的黄纸既美观又耐腐朽。随着造纸技术的提高，以后又逐渐出现过各种各样的纸，如草纸、竹纸、藤皮纸等等。

由于纸写书是由帛书发展而来的，纸写书也沿袭了帛书的形式，即卷轴制，每一卷是由很多张纸连接而成，长度通常可长达 10 米，甚至 32 米之长。其中每张单独的纸的尺寸在不同时期有不同的标准，晋代的标准，大纸通常直高 16 ~ 2 7 厘米，横宽 42 ~ 52 厘米，小纸直高 23.5 ~ 24 厘米，横宽 40.7 ~ 44.5 厘米。纸抄书的文物资料，据考古发现，迄今最早的纸抄书在新疆出土，当是公元四世纪时晋朝的遗物。1924 年，在新疆鄯善县出土了陈寿

《三国志·吴志》的纸写本残卷，上有 80 行，共 1090 多个字。纸抄书的出现及普及，方便了学术文化的传播与交流。

陈寿撰成《三国志》

太康六年（285），陈寿撰成《三国志》。

《三国志》是纪传体三国史。共 65 卷，分魏、蜀、吴三志。其中《魏志》

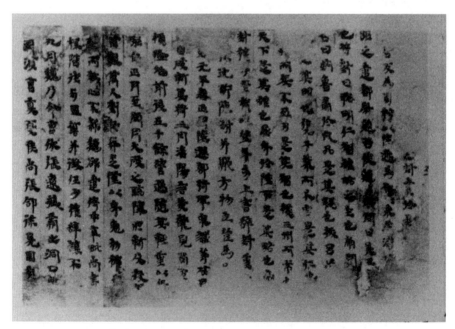

晋《三国志》写本残卷

30卷、《蜀志》15卷、《吴志》20卷。只有纪、传而无表、志。《魏志》前四卷称纪，《蜀志》、《吴志》有传无纪。

陈寿（233～297），字承祚。西晋巴西安汉（今四川南充北）人。少好学，曾受教于谯周。蜀汉时历任卫将军主簿。东观秘书郎、散骑黄门侍郎。入晋后，历任著作郎、治书侍御史等。太康元年（280）晋灭吴后，他搜集魏、蜀、

西晋对书俑。俑胎灰白，青绿色釉开片，多已剥落。两俑相对踞坐。案的一端置一长方形书箱，中间有笔架，案另一端置长方形砚。此俑的衣袍、手等的塑造十分简朴，而对帽及案、书箱、笔却又注意细部的刻画，如案上的纹饰、书箱上的提手和所系的绳子，都表现得相当逼真。

吴史料，终于撰成《三国志》65卷。

《三国志》以曹魏为正统，《魏志》列于全书之首，对魏的君主称帝，叙入纪中；而对吴、蜀则称主不称帝，叙入传中。在陈寿撰《三国志》之前，魏、吴两国先已有史，官修的有晋王沈《魏书》、吴韦昭《吴书》，私修的有魏鱼豢《魏略》，它们皆成为陈寿《三国志》魏、吴两志的基本资料。虽蜀国无史，但陈寿本为蜀人，又受教于史学家谯周，因而其自采资料而成蜀志亦不逊于魏、吴两志。三志本独立，后世才合为一书，综合三国史事为一编，则自《三国志》始。在中国古代纪传体正史中，《三国志》与《史记》、《汉书》和《后汉书》并称为前四史。

《三国志》取材严谨，文笔精炼，记事比较真实。凡三国时期在政治、经济、军事上有关系的人物，以及在学术思想、文学艺术、科学技术上有贡献的人，书中都有所记载。此外也记录了国内少数民族以及邻国的历史。但记载过于简略，对一些重要的历史事件和人物事迹，语而不详，甚至遗漏。另外，《三国志》没有关于典章制度等方面的志，是其一大缺憾。

由于《三国志》叙事较为简略，南朝宋文帝命裴松之作补注。裴松之广搜资料，引用之书多达200余种，终于在元嘉六年（429）撰成《三国志注》。除少数文字上的解释外，更主要的在于补充原书记载的遗漏和纠正错误，并对史家和著作加以评论。对于《三国志注》来说，其主要价值在于提供了大量资料，使史事更加详明，以补《三国志》之不足。因此，对于研究三国时代史事，《三国志注》的重要性和价值可与《三国志》相媲美。

西晋神兽镜

王恺、石崇斗富

　　王恺是晋武帝司马炎文明皇后的弟弟，官至后将军，颇得武帝的器重和宠爱，于是大权在握，搜刮民脂民膏，聚敛财富，与当时的散骑常侍石崇、司马司景献皇后从父的弟弟羊绣三人堪称当时的三大富豪。他们为证明自己是最多财富的拥有者，竟奢侈之度来定高低。

异彩纷呈的文明

西晋青瓷兽形尊

王恺自恃财富之巨无以匹敌，用当时相当贵重的麦糖清洗锅子，而石崇也不甘示弱，竟用更为珍贵的石蜡为柴火使用；当王恺用紫纱步障四十里，石崇则用织锦步障五十里；石崇用一种叫椒的涂料涂饰房屋，王恺则用红色的石脂盖过他。晋武帝为了使王恺获胜，曾多次资助助威。有一次他赠给王恺一株二尺多高的珊瑚树，王恺便很得意地拿出来向石崇炫耀，谁知石崇竟拿出铁如意，毫不在乎地把珊瑚树击成碎片，王恺见状勃然大怒，然石崇却很不以为然地说道："这没有什么大惊小怪、痛恨不已的，我现在还给你就是啦！"于是便命令他家的仆从取出自家珍藏的珊瑚树，二尺多高的异常之多，三四尺高的竟然也有六七株之多，王恺目瞪口呆，惊羡万分。

司马炎卒司马衷继帝位

太熙元年（290）四月二十日，司马炎（武帝）病卒，终年55岁，在位25年。太子司马衷继位（是为惠帝），时年32岁。立妃贾氏为皇后。

司马衷是司马炎次子，9岁时立为皇太子，以痴顽闻名，宫人背地议论他"蠢钝如猪"。司马炎曾出题试他，竟无以为对，贾氏请人代答，方蒙混过关。一次，司马衷在华林园听到蛤蟆叫，竟问左右："此鸣者，为官还是为私？"侍郎贾胤敷衍说："在官地者为官，在私地者为私。"衷以为然。及至天下荒乱，百姓饿死，衷居然质问："没有粮食，何不食肉糜？"时朝

廷皆知衷不堪政事。

皇后贾氏，名南风，司空贾充女。初，司马炎拟纳卫瓘女为太子妃，贾充指使其妻郭槐，贿赂宫人，怂恿杨皇后说服司马炎，改纳贾充女。司马炎认为卫家种贤而多子，女貌秀美，身长肤白，而贾家种妒而少女，女貌丑劣，身短肤黑。杨皇后再三劝说，又固请大臣荀勖等游说，并称贾充女贤，终使司马炎改变初衷，聘娶贾充女为太子妃，时年15岁，大太子2岁。贾妃妒忌多权诈，常使太子衷望而生畏。

晋皇帝三临辟雍颂。晋《皇帝三临辟雍颂》，隶书，碑文十三行，行五十五字。额题"大晋龙兴皇帝三临辟雍皇太子再莅之盛德隆熙之颂"。碑阴题名十列，当额处一列十五行，余列为四十四行。碑署咸宁四年(278)十月廿日立。此碑结字方整匀称，书法挺拔遒劲，其中许多字的写法已经近似楷书，特别是垂笔、捺笔去汉隶较远。

291 ~ 300A.D.

西晋

291A.D. 晋永平元年 元康元年

三月，贾后杀太傅杨骏等，夷三族，废皇太后杨氏为庶人，改元元康。六月，贾后杀太宰汝南王司马亮、太保卫瓘，又杀楚王司马玮。八王之乱开始。是岁，东夷十七国、南夷二十四部皆内附。书法家卫恒父子被贾后所杀。

294A.D. 晋元康四年

五月，匈奴郝散攻上党，杀长吏；八月，降，被杀。

295A.D. 晋元康五年

夏，荆、扬、兖、豫、青、徐六州大水。

296A.D. 晋元康六年

夏，匈奴郝散弟度元与冯翊、北地、马兰羌、卢水胡俱起事。秦、雍二州氐、羌皆起响应，立氐帅齐万年为皇帝。裴颜著《崇有论》。

297A.D. 晋元康七年

正月，周处攻齐万年，败死。是岁，拓跋猗㐌始经略西方，此后五年，附者三十余国。

298A.D. 晋元康八年

九月，荆、豫、徐、扬、冀五州大水。

299A.D. 晋元康九年

正月，孟观破氐，俘齐万年。鲁褒著《钱神论》。

300A.D. 晋永康元年

四月，赵王司马伦废贾后为庶人，寻杀之，并杀司空张华等，夷三族。八月，淮南王司马允攻赵王伦，败死。伦杀石崇、潘岳等。赵王伦加九锡。九月，改司徒为丞相。

296A.D.

波斯皇帝那西斯侵入罗马所属之美索不达米亚。

297A.D.

波斯为罗马人所败，几乎全军覆没，不得已，与罗马讲和。罗马恢复美索不达米亚及阿美尼亚，阿美尼亚王皈依基督教。伦巴德人南迁。

异
彩
纷
呈
的
文
明

晋贾后之母郭槐枢铭

贾后专权

　　元康元年（291）三月八日，皇后贾南风谋杀了太傅杨骏，这是贾后专权的开端。

　　杨骏是司马炎（武帝）继后杨芷的父亲，弘农大族，专权好利。司马炎病危时，杨骏与皇后杨芷密谋，私藏诏令，将同时受命辅政的汝南王司马亮排挤掉，独自成为顾命大臣。司马衷（惠帝）即位后，杨骏升任太傅、大都督。他独专大权，总缆朝纲，培植亲信，一切诏命都由杨骏主裁。因杨骏专权，刚愎任性，宗室王公，中外官僚，大都怨愤不平。贾南风原是太子妃，因妒忌杀死了几个人，又把戟投向怀孕的妾，使其流产。武帝司马炎大怒，修金墉城，打算废除她。荀勖、冯纨、杨珧等人搭救她。杨后也说情其父贾充对国家有大功，念她先辈的恩德，保全了贾妃的名分。杨后还多次劝戒贾妃，贾妃不知杨后是帮助自己，反而以为杨后在武帝面前诋毁她，因而更加痛恨杨后。加上贾后想干预朝政，被杨骏所压抑，更痛恨其父女。

晋元康元年（291）三月初八，贾后和殿中中郎孟观、李肇、黄门寺人监董猛密谋政变，伪造诏书，诬杨骏谋反。命东安公司马繇率殿中400人讨伐杨骏，楚王玮屯兵司马门。当时杨骏居曹爽故府，听说变故的消息后，召请官员商议对策，太傅主簿朱振劝杨骏烧云龙门，引兵拥皇太子入宫，收捕奸人。杨骏一向怯懦，说："云龙门是魏明帝所建造，耗费了很多人力财力，怎么能烧呢？"官员见这样都借故散走。杨太后在帛上写了"救太傅者有赏"，用箭射到城外。贾后因此说太后是杨骏谋反的同伙。司马繇的兵烧了杨骏的府第，把杨骏杀死在马厩中。孟观等逮捕了杨珧、杨济及张劭、李斌、段广、武茂、杨邈、蒋俊、文鸯等人，都诛灭三族，死了约有几千人。

　　第二天，贾后矫诏，将皇太后杨芷遣送到永宁宫，保全了杨太后母亲的性命，让她和太后住在一起。不久，授命有司奏太后谋反，应废为庶人，迁往金墉城，又奏请杨骏妻庞氏应处死。庞氏临刑，杨太后抱着母亲号叫，截发稽颡，上表给贾后自称妾，请求保全母亲，没见回音。第二年（292）二月，贾后支走了杨太后的全部侍御，太后被绝食八天后饿死。贾后恐怕杨太后有灵，到先帝处诉说冤情，就恢复了其太后称号而细加安葬，还施用厌劾符书和药物。

　　晋元康元年（291）三月十九日，贾后任命汝南王司马亮为太宰，与太保卫瓘录为尚书事，辅政；以楚王玮为卫将军，领北军中侯；东安公繇升为王，为尚书左仆射。司马亮为了取悦于众，论诛杨骏的功绩，督将封侯者1081人。

　　从此，贾后把持朝纲，为所欲为，暴戾日甚，司马繇密谋废除她。贾后很害怕，同年三月二十七日，罢免了司马繇的官职，废除了王号将其发配到带方郡（今朝鲜东沙里院）。这年六月，贾后借故杀了司马亮、楚王玮及卫瓘、卫恒等人。这时，朝廷的大权全部落到贾后的手中，她委任亲党，在张华、贾模、裴頠同心辅政下，朝野暂时安宁。

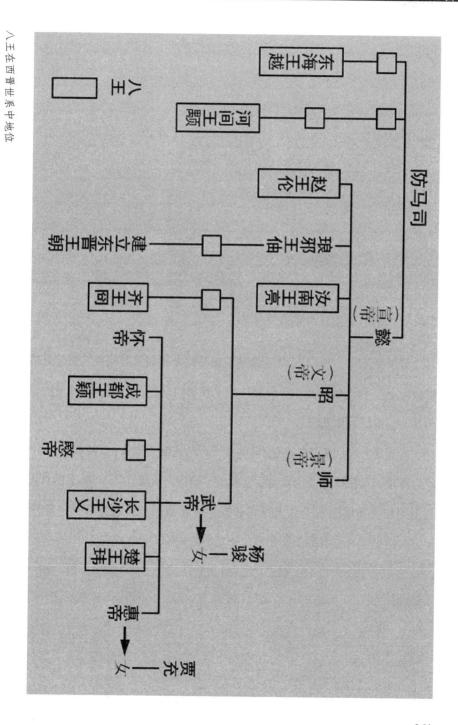

八王在西晋世系中地位

THE CHINESE CIVILIZATION

"八王之乱"开始

晋永平元年（291），贾后命楚王司马玮杀杨骏及其同党，剪除其势力。以汝南王亮和卫瓘辅政，不久又让楚王玮杀司马亮及卫瓘，随即又矫诏杀了司马玮。贾后独掌朝政。

晋元康九年（299）末，贾后将皇太子司马遹废为庶人，以便自己长期专权，绝人所望，没想给赵王伦发动兵变制造了借口。永康元年（300）四月三日，赵王伦和孙秀联结右卫佽飞督闾和发兵进攻洛阳，斩杀贾后。一场持续16年之久的皇族夺权混战就此开始。这场混战史称"八王之乱"。

赵王伦于攻占洛阳的第二年（301）废帝自立。齐王同、成都王颖、河间王颙联兵向他发起进攻，杀了赵王伦，拥惠帝复位。齐王同辅政专权，引起义愤，长沙王乂和河间王又联合起来，举兵攻同，同兵败被杀。长沙王乂掌握朝政。

晋太安二年（303），河间王颙又联合成都王颖进攻长沙王乂，颖得以独断朝政。这年底，东海王司马越起兵攻乂，乂兵败被杀，司马越奉惠帝之命攻打颖，失败后颙乘机攻占洛阳，独揽朝政。

晋永兴二年（305），司马越再次起兵进攻颙，颙战败，与颖相继被杀，晋光熙元年（306），晋惠帝中毒而死，司马越另立司马炽为帝，即晋怀帝，自掌大权。"八王之乱"方告结束。

孙楚以诗著名

元康三年（293），早期玄言诗人孙楚去世。

孙楚（约218～293），字子荆，太原中都（今山西平遥西南）人。是魏骠骑将军孙资的孙子，南阳太守孙宏的儿子。西晋文学家。他才气卓绝，傲然不群，年过四十才当上镇东参军，后又当上著作佐郎，后来做石苞的骠骑参军。因傲侮石苞，又与骁骑将军郭奕产生矛盾冲突，被晋武帝司马炎免官。征西将军扶风人王骏和孙楚是旧好，请他做了参军。惠帝初年，逐渐升到冯翊（今陕西大荔）太守。

孙楚和王济很友善，少年时想隐居，说"当欲枕石漱流"，误写成了"枕流漱石"。王济以流不能枕，石不能漱来责难他。孙楚说："枕流欲洗其耳，漱石欲厉其齿。"（枕流是为了洗耳朵，漱石是想磨牙齿）后来成为被广泛传诵的名句。孙楚工诗文辞赋，所作的《征西官属送于陟阳侯作》是晋代较早的玄言诗，影响很大。又有《除妇服诗》，王济说其"未知文生于情，情生于文，览之凄然，增伉俪之重"。现存的辞赋有《井赋》、《笳赋》、《菊花赋》、《鹰赋》等 10 多篇。文章以《为石苞作遗孙皓书》较著名，话言犀利，气势磅礴，有凌人之势。司马昭时，符劭把这封信带到东吴，最终也未敢给孙皓读。

孙楚死于元康三年（293），死时约 76 岁。他原有文集十二卷，已散佚。今存明辑本。

武库大火

晋元康五年（295）十月，洛阳武库发生火灾。大火发生后，太子少傅

西晋采桑壁画

张华恐怕赵王司马伦和孙秀等乘机作乱，先派兵固守都城的要害，然后才下令救火。由于动作迟缓，这次火灾的损失十分惨重。被大火吞噬的历代宝物及器械多达 200 万件，其中包括汉高祖刘邦的斩蛇剑、王莽头、孔子屐等稀世珍宝。这年十二月，政府下令重新建造武库，从各地调集了大量兵器，以充实新建的武库。

《博物志》编成

西晋张华编成一部广征地理博物琐闻的志怪小说集《博物志》。

西晋志怪小说盛行，这与当时神仙方士之说盛行、佛道二教广泛流传有密切关系。这时期志怪小说流传至今的便有 30 多种，内容庞杂，大致可分为三类，一是炫耀地理博物琐闻，二是夸饰正史之外的历史传闻，三是讲说神仙鬼怪故事。地理博物类小说除《博物志》外，还有《神异记》、《十洲记》等。《神异记》模仿《山海经》分东荒经、南荒经等九章，保存了不少神话传说。《十洲记》则记载汉武帝向东方朔询问祖洲、炎洲、长洲等十洲异物主事，不乏生动有趣之笔。《博物志》分类记载异境奇物、古代琐闻杂事和神仙方术等，既有山川地理知识，又有历史人物传说，奇异花草虫鱼、飞禽走兽的描述，还有怪诞不经的神仙方术故事，大都取材古籍，保存了不少古代神话资料。如书中记载八月有人浮槎至大河见织女的奇闻，成为牛郎织女神话的原始资料。据《隋

異彩紛呈的文明

田七十畝女子三十畝其外丁男課田五十畝丁女二十畝次丁男半
之女則不課男年十六巳上至六十為正丁十五巳下至十三六十
一巳上至六十五為次丁十二巳下六十六巳上為老小不事遠夷不
課田者輸義米戶三斛遠者五斗極遠者輸算錢人二十八文其官品
第一至于第九各以貴賤占田品第一者占五十頃第二品四十五頃
第三品四十頃第四品三十五頃第五品三十頃第六品二十五頃第
七品二十頃第八品十五頃第九品十頃而又各以品之高卑蔭其親
屬多者及九族少者三世宗室國賓先賢之後及士人子孫亦如之而
又得蔭人以為衣食客及佃客品第六巳上得衣食客三人第七第八
品二人第九品及舉輦跡禽前驅由基強弩司馬羽林郎殿中冗從武
賁殿中武賁持椎斧武騎武賁持鈴戟從武賁命中武賁武騎一人其
應有佃客者官品第一第二者佃客無過五十戶第三品十戶第四品
七戶第五品五戶第六品三戶第七品二戶第八品第九品一戶是時
天下無事賦稅平均人咸安其業而樂其事及惠帝之後政教陵夷至

《博物志》书影

书·经籍志》杂家类著录，《博物志》共10卷。流传至今内容混杂，文辞疏略，注释极少，可能是原书失传后由后人搜辑而成。

三张驰名文坛

张协与其兄张载、其弟张亢，均是西晋有名的文人，时称"三张"。"三张"中，张亢稍逊，故也有人以张华代之，认为"三张"指的是张协、张载、张华。今从此说。

张协（？～307）。西晋文学家，字景阳，安平（今属河北省）人。曾任公府掾、秘书郎、华阳令等职。永宁（301），为征北将军司马颖从事中郎，后迁中书侍郎，转河间内史，治郡清简。惠帝末年为避乱而辞官隐居，以吟咏自乐，复征为黄门侍郎，他托病辞之，后在家逝世。他的诗作大多散失，今仅存10余首。或写羁旅之思，或抒遁世之情，或拟闺中之怨。多愁善感，意境凄婉，文辞精美而清拔，写景洗练而传神，在艺术上有其独到之处，对后来的一些著名诗人如陶渊明、谢灵运、鲍照等，都有一定影响。他的赋仅存6篇，多系残稿，仅《七命》一篇较完整。此文辞藻精美，显示出作者在锤字炼句方面的功力。

张载，西晋文学家，字孟阳，张协之兄，生卒年不详。聪明博学，曾任佐著作郎、著作郎、记室督、中书侍郎等职。西晋末年为避乱世而托病告归。

异彩纷呈的文明

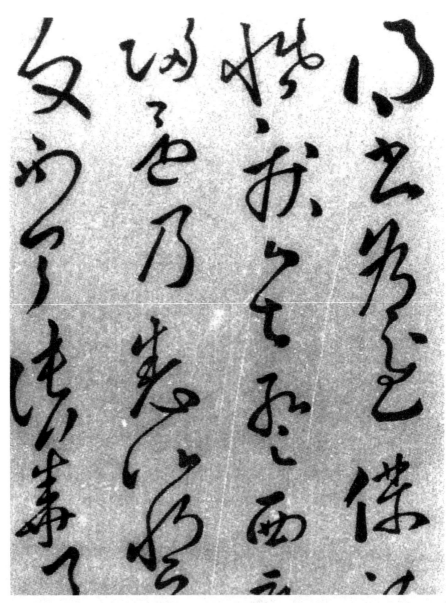

张华书简

他的《剑阁铭》被后人誉为"文章典则"，晋武帝曾派人镌刻于石。今存的也仅1首，较好的有《七哀诗》2首，或叹纷乱、沧桑变化，或写秋林萧瑟、凄清，表现了作者的孤独与苦闷。此外还有几篇赋、颂和铭文。明人张溥把他和他弟弟张协的作品辑为《张孟阳景阳集》，收在《汉魏六朝百三家集》中。

张华（232～300），西晋文学家。字茂先。范阳方城（今河北固安县）人。身世孤寒，曾以牧羊为生。他刻苦自励，学业优博。魏末，被荐为太常博士。晋武帝时，因力主伐吴有功，历任要职。惠帝时为赵王司马伦和孙秀所杀。他的诗作今存32首。其中少数作品抒发自己的雄志，抨击骄奢淫逸之风。但其他一些则内容空虚，堆砌辞藻，华而不实。他编撰的《博物志》，分类记载异境奇珍、古代逸闻、神仙方术。

张华执政

元康六年（296）正月，中书监张华执政。张华（232～300），字茂先，范阳方城（今河北固安南）人，出身庶，自幼孤贫，以牧羊为生。好学上进，博览群书。还没成名时，曾作《鹪鹩赋》，在读书人中引起了知足常乐和明哲保身的共鸣。张华于泰始六年（270）拜为中书令，平吴时，任度支尚书，安排运输粮草。平吴后，本可入阁拜相，却遭到荀勖等大族排挤，出任都督幽州诸军事，领护乌桓校尉。惠帝继位（290）后，张华被拜中书监。楚王玮被杀后，

异彩纷呈的文明

晋刘韬墓志

张华因有献计之功，又因他出身庶族，没有逼上之嫌，儒雅而有筹略，为众望所依归，令他主持朝政。贾后虽凶险，犹知敬重张华，当时皇帝是白痴，皇后凶狠，诸多王公虎视朝廷，张华稳重办事，弥缝补阙，和贾模、裴颇同心辅政，才使朝廷维持了多年的暂时安定。

永康元年（300），赵王伦起兵，阴谋篡夺王位，张华等人拒绝合作而被杀害，并夷三族，时年69岁。张华著有《博物志》十卷，并善长诗赋，以《女史箴》著名。他为官勤俭，身死之日，家中没有多余的财产，只有书籍满屋。

清谈盛行

　　整个魏晋南北朝时期，民族矛盾、阶级矛盾交织，政治动荡，朝臣们的命运朝不保夕，文士对功名利禄避之不迭。清淡，作为一种远离时务"谈尚玄远"的风气盛行起来。

　　清谈亦称"清言"或"玄谈"，始广东汉末年的人物品题。曹魏政权建立以后，为了适应其打击豪强地主的政治需要，推行"九品中正制"，以此吸纳庶族士子入仕，使之成了识别人物、选拔官员的"才性之学"，从而清谈从单纯品题人物变为抽象的才性问题的讨论。刘邵的《人物志》就是关于才性问题的代表作。

　　正始以后，司马氏把持朝纲并进而篡立，政治进入了中国历史的最黑暗时代，为了逃避罗网，文士们绞尽了脑汁，他们认为，躲避政治陷害的最好办法是少讲话，不讲话，或者讲一些无关痛痒的废话和摸棱两可的"玄言"。司马昭称阮籍为"天下第一谨慎之人"，他每次谈话，都言语玄远，从不评

异彩纷呈的文明

晋咸宁四年吕氏砖

论时事、臧否人物。嵇康讲话也意在言中但不留下任何把柄，以此作为全身之道。尽管如此，也难免被猜疑，因而名士们还以酒和药作为护身符，服寒食散和借酒浇愁成为一种时尚。这种怪诞放达行为的思想和理论依据乃是来源于老庄的自然无为思想。从而，在这一时期，清谈融入了《老子》、《庄子》、《周易》所谓"三玄"的思想，使之玄学化。

"玄"这一概念源于《老子》："玄之又玄，众妙之门"，是奥妙莫测的意思，称《老子》、《庄子》、《周易》为"三玄"乃是在玄学家们看来，它们包含有非常深奥的学问，这一时期的文士无不研究三玄之学，而其中最具代表性的先有何晏、王弼，其中何晏作《道德论》，王弼注《老子》、《周易》，著《老子指略》、《周易略例》，主张天地万物皆以无为为本，提出贵无论，嵇康、阮籍崇尚自然无为，提出"越名教而任自然"。阮籍作《通老论》、《达庄论》和《通易论》。后来向秀、郭象注《老子》，调合贵无和贵有的矛盾，适应了门族贵族的政治需要。

先秦的《易》学属于儒家系统，魏晋玄学则以老庄解析《老子》、《庄子》，原为反儒学礼教系统，魏晋玄学家对《老》《庄》的阐释则调和儒道，或主张儒道合一。王弼用老子思想解释《论语》，认为名教（儒家社教）是自然的表现，郭象则认为名教即是自然，任郭象所创的"独化"论中，儒家和道家是合二为一的。从而建立了精致的玄学思想体系。

郭象以后，玄学清谈又与佛学合流，影响了整个两晋及南北朝佛教思想的发展。同时，陶渊明在《桃花源记》中运用他丰富的想象力和富有诗韵的笔触，所描绘的桃源乐土式的理想和美好生活画卷，在相当长的一段时期成了名士们的精神寄托，给人们带来了一点人生的向往和欢乐，也为久经战乱和政治动乱的人民带来一些心灵慰藉。这些都影响了玄学清谈的发展，和当时士人的精神风貌。

异彩纷呈的文明

卫恒作《四体书势》

卫恒是西晋书法家，他潜心书法理论，撰成《四体书势》一卷，从理论的角度提升了三国两晋时的书法艺术。

卫恒（?~291），字巨山，西晋河东安邑（今山西夏县北）人。官至黄门侍郎。卫氏一门四代均善书法，家学渊源，历数世而不衰坠。卫恒擅长各种草、隶书体，但传世之作多为草体，笔法刚健有余，又流转风媚。

卫恒晚年时撰成《四体书势》，从风格辨识文字的书体，进而提出"书体"和"书势"的命题，阐明其特点，认为书势是静止的书法所显示出来的动态，具有节奏和运动感，而且由于书体之不同，则书势随之存在差异，即"异体同势"。后来王珉、刘劭，直至康有为、沈尹默的书法理论，都是承卫恒之说而来的，只是有所丰富发展而已。《四体书势》在于对四体书法的欣赏，他以自然形象为比喻，寓评论于欣赏之中。这同于《诗经》六义中的"比"，有异曲同工之妙。

《四体书势》是现存最早和比较可靠的重要书法理论之一，有关当时的各种书体、书史的演变，此书都有记载。它具有很高的史料价值。

赵王伦发动政变

元康元年（291）六月，贾后杀了楚王司马玮，独揽大权，任命张华为侍中、中书监，裴頠为侍中，共掌机要，朝廷才有了几年暂时的安定局面。元康九年（299）十二月，贾后诬称太子司马遹谋反，将其废为庶人，囚于金墉城，文武百官愤愤不平。曾任右卫督的司马雅等人，密谋策划，打算借右军将军赵王司马伦之权废杀贾后，迎回太子。赵王伦打算依计而行，其心腹孙秀献出一计，认为废贾后迎回太子，对赵王伦不利，不如先策动贾后杀了太子，然后借故发动兵变，进京废掉贾后，为太子报仇，夺取大权，一举两得。司马伦采纳了这一建议。孙秀就唆使贾后的姨侄贾谧，策动贾后派人杀了太子遹。贾后暗害太子的真相很快被泄露出来，洛阳城中流传出一首民谣："南风起，吹白沙，遥望鲁国何嵯峨，千年骷髅生齿牙。"

太子死后，赵王伦联合梁王肜，齐王矫诏兴师问罪，于永康元年（300）四月初三发动兵变，很快就攻占了洛阳，杀了贾后及其亲党，由于张华、裴頠等人拒绝与他合作，也被杀害，并夷三族。

永康元年（300）五月，赵王伦诏赦天下，自为相国、都督中外诸军事，

异彩纷呈的文明

西晋青瓷四系带盖双鸟盉。造型美观，玲珑精巧，是一件艺术效果极佳的实用工艺品。

依照司马懿、司马昭辅魏故事，暗中图谋篡位。孙秀等人皆封大郡，掌握兵权，文武官员封侯的就达数千人，一切听命于司马伦，但司马伦能力庸下，缺少智谋，实权操纵在孙秀的手中，孙秀权震朝野，天下事都由孙秀裁决。他执掌权柄以后，恣其私欲，多杀忠良，为了夺取石崇的宠妾绿珠，派兵杀害了石崇。但他只务荣利，无深谋远虑。这年八月，淮南王司马允举兵讨伐赵王伦，伦很快兵败被杀，其家属及其同党孙秀也被杀死。司马衷（惠帝）复位，改元永宁元年。

鲁褒作《钱神论》以讥时

元康九年（299）四月，鲁褒作《钱神论》。

鲁褒，字元道，南阳人，生卒年不可考。自幼好学多闻，以贫素自立。

惠帝元康（291 ~ 300）年间，纲纪大坏，世风日下。惠帝昏聩无知，在华林园听到蛙声，就问左右："此鸣者，为官乎，为私乎？"当时天下闹饥荒，百姓饿死，惠帝听说后问道：他们为什么不吃肉呢？朝纲旁落，政出多门，有权势的人家，相互举荐，各为其私利。贪污贿赂成风。很多人都贪得无厌，"竹林七贤"中的王戎，积累的钱无法计数，却经常手持算具，昼夜计算，仍觉不够，他的弟弟王衍的妻子郭氏，也是聚敛无厌之人，曾用钱来环绕床沿。驸马王济用铜钱作院墙，围成跑马射箭场，当时的人称之为"金埒"。太子少傅和峤，以"钱癖"著称。石崇为荆州刺史，派人劫掠客商，获得钱财无数。可见"惟钱是求"成为当时的社会风气。

针对这种社会现状，有成公绥、綦母氏、无名氏作"钱论"愤世疾时，讥讽世风，其中最著名的是鲁褒作的《钱神论》。《钱神论》说：钱之为物"无德而尊，无势而势，排金门，入紫闼，危可使安，死可使活，贵可使贱，生

可使杀，是故忿争非钱不胜，幽滞非钱不拔，怨仇非钱不解，令闻非钱不发……

凡今之人，惟钱而已！"还说钱"为世神宝，亲之如兄，字曰孔方。失之则贫弱，

得之则富昌"。"钱无耳，可使鬼"。《钱神论》尖锐地讽刺了钱能通神使鬼，

西晋青瓷熊尊。全身饰对称的线条纹和卷毛纹，顶有一注水圆孔，造型十分生动，制作精细，是六朝青瓷中的珍品。

主宰一切的作用。这篇文章一出，立即引起了愤世疾俗的人们的共鸣，被广泛传诵。"孔方"一词，也成为了"钱"的同义语。

诗人潘岳被杀

西晋青釉辟邪

异
彩
纷
呈
的
文
明

西晋青釉骑兽器

西晋永康元年（300），文学家、太康体诗人代表之一潘岳被诬杀。

　　潘岳（247 ~ 300），字安仁，祖籍荣阳中牟（今属河南），出身于官宦世家。自小受文学熏陶，被乡里称为"奇童"。成年后更以文而名于世，是太康文学的代表诗人之一。所谓太康文学，是指西晋武帝太康（280 ~ 289）前后比较繁荣的诗歌文学，太康文学一是拟古风气盛行，二是追求辞藻典雅、对仗工整、用典等形式技巧。但失去了曹魏建安、正始时期诗歌慷慨任气、感兴而发的深厚内容。潘岳的才华在于善缀辞会，长于铺陈，造句工整，充分体现了太康文学讲求形式美的倾向，在当时与陆机齐名。

　　潘岳的诗今存 18 首，代表作是《悼亡诗》三首。这三首诗写于元康九年（299）的秋天，是他悼念亡妻去世一周年之作。在诗中他感叹自己沉浸在永恒的哀伤中，竟不觉冰雪消融、春风又拂。如此写景抒情，由物及人，笔触细腻之处，缠绵悱恻、委曲深婉。后人哀念亡妻的诗都用"悼亡"为题，正是受了潘岳的影响。潘岳的诗长于写景，善用华丽辞藻，具有清绮哀艳的风格，代表了西晋写景诗的特点。他的辞赋题材广泛，表现手法灵活多样，大致可分写景抒情、咏物、叙事纪行和抒发哀婉之情的赋等，在西晋文坛上独树一帜。

裴頠著《崇有论》

晋元康（291~299）时期，时俗放荡，不尊儒术。在此之前，何晏、阮籍等口谈浮虚，不遵礼法，轻视世务，祖述老庄，以无为本，这种贵无贱有的风气十分流行。为了纠正这种风气，产生了崇有的议论。吴人杨泉曾作《物理论》阐述了"无"出于"有"的观点。元康七年（297），裴頠著《崇有论》提出了新见解。

裴頠（267～300），字逸民，河东闻喜（今山西）人。西晋哲学家。通博多闻，兼通医术。官至尚书左仆射。

首先，裴頠从政治上和道德

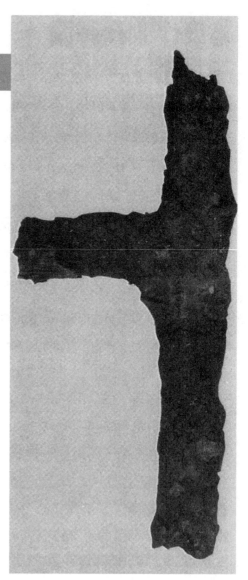

江苏宜兴出土周处墓铁戟

周将军處 周處

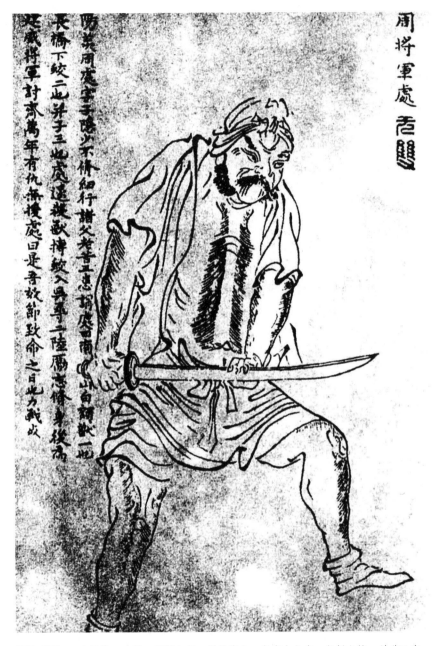

周处（晋），字子隐，少孤，不修细行，州里患之，与南山之虎、长桥之蛟，并称三害。周处乃射虎斩蛟，入吴从二陆求学。归晋，迁御史中丞，氐族齐万年反，处受命征讨，力战而死。

风俗上的严重危害对"贵无"论进行了揭露和批判。针对"贵无"论者把"无"作为世界的本体而导到对名教礼制忽视的局面，他大加挞伐。他认为当时放荡虚浮，不重儒术的风气完全是"贵无贱有"思潮影响下形成的，"贵无"论者崇尚虚无放达，轻视政事治功，以脱离实际为高超，以不理政务为高雅，以不讲操行廉职为旷达，使得人们"遗制"、"忘礼"，等级制度被严重破坏。从维护名教的立场出发，裴颁批判和揭露了以唯心主义为思想根源的"贵无"论，提出了与之针锋相对的崇有论。

裴颁所谓的"崇有"是以注重现实存在的事物为出发点的，他认为万有的整体是最根本的"道"，其崇有论是"总混群本，终极之道"的学说，即强调"道"是最高的终极，而世界上各种有形有象的具体存在物，是各自有生之物的本体，因而有不同的性质和明显的区别。其"终极之道"乃是万有的总和混合，从而否定了王弼等人鼓吹的以无为本的观点。这种观点肯定了物质世界的绝对存在，具有一定合理内容。在此思想基础上，他肯定万物产生的根据在万物自身而不是其外部，而万物产生以后，又必须借外部的物质条件才能生存和发展，同时承认外部条件的存在以及与万物存在和发展互为条件和相互作用。在说明了万物生存发展条件的互济理论的前提下，他说成济一件事物，依靠的是有而不能依靠虚无。这些观点都对古代朴素唯物主义的发展作出了贡献。

此外，他还提倡以"仁顺"、"恭俭"、"忠信"、"敬让"等道德原则来规范人们的行动，克服浮华放纵的违礼行为，这也是其崇有论内容的一个组成部分。

《崇有论》虽重视礼制、世务，但并不是以儒家观点来批判道家。实际上，裴颁仍然是位玄学家，他要解决的只是有无之辨这一玄学问题。他说，无既然是无，就不能生有，始生只是自生，而生之始只能体有，即有始能存在，无则不能存在。归结他的思想，可以得出以下结论：（一）自然即是万有的综合，万物各本其分而自生。（二）无不能生有。

因清谈的风气此时已经盛行，裴頠的著作虽然力辩，终不能改变世风，《崇有论》一出，就遭到清谈家王衍等的多方攻击和发难。

在著述力辩的同时，裴頠还和三公尚书郎兼守廷尉刘颂一起上表建议整饬律令。他们虽力陈时弊，却没能被当权者采纳，没能产生实际的效应。

永康元年（300）四月，在赵王伦及孙秀攻占洛阳的变乱中，裴頠和张华等人因不与赵王伦合作而被杀，并被诛灭三族。其时，裴頠年仅33岁。

玄学完成

在何、王时代，玄学讲有无，讲性情、天、道、万物，其方法虽是玄学方法，但对象却是非玄学的，只是在论述和言意论中才有玄学味。嵇、阮则把化、和、神从对象中提升出来，这些玄学方式（玄学观念）的集中和绝对化就构成玄学范式的自觉。向秀是其完成者。

他的著作《庄子注》只部分地保留在后人的著作中，但已足以确定他的地位。何、王、嵇、阮论及无与有的化的问题，而他则将化本身提出来，不是无生有、无化有，而是生化本身进行生化，并且把它作为不由它物生化的生化之本。郭象是玄学的集大成者，在他的《庄子注》中玄学范式完成。在

THE CHINESE CIVILIZATION

他那里，道并非天地、万物的造物主，天地也不造生万物，众物自造，也就是"独化"，从玄冥中独化而出，而成为有后就处于变化之中。这样就取消了本体论，把万物之有归于它的自性。从此出发，他发展了各安其性的处世哲学，也就完成了任自然论。

玄学的辨言析理的方法在这里也得到了完成，其表现就是言意之辨。这一方法与品鉴风格生样是得意忘言：找到对象形质背后的神韵、意义，这是玄学使人感到玄的本质。他的《庄子注》也不是语言注解，而是进行逍遥游。因此郭象哲学取消了本体论，也取消了对象：他肯定的有不是事物自身作为有（这象言一样应被析去），而是它们的独化（与意一样），事物的生化和变化。这与裴頠的崇有论不同，后者肯定事物的有和有的先天性，并认为万物有关，与欧阳建的言尽意论一样是对玄学的背叛。郭象是玄学的古典典范。

郭象完成的玄学体系抛弃了存在和其本性，而使存在物的化（其实是意即神韵的一种）成为哲学对象，这是理学的本质路线。

氏帅齐万年被俘关中氏乱平

元康九年（299）正月，晋左积弩将军孟观擒氏帅齐万年。

氏族历史悠久，三国曹操时，曾从武都迁其一部居秦、雍，这些氏人的部落组织完全解散，直属州郡，成为"编户"，纳税服役。齐万年所领之氏族即如此。元康初，赵王司马伦镇关中，杀其部族头目几十人，将其青壮年转卖给权贵作奴隶。继赵王伦之后，出镇秦、雍的梁王彤更是变本加厉。元康六年（296），匈奴郝散弟度元率冯翊、北地的马兰羌、卢水胡起兵，氐帅齐万年亦率关中氐、羌响应。次年，万年以7万精兵击败晋军并且杀建成将军周处，势力日盛。直至本月，晋左积弩将军孟观率军讨伐，激战数十仗，万年终兵败被俘。

向秀、郭象注《庄子》

魏晋玄学是糅合儒、道而形成的一种唯心主义思想体系，在探讨世界本原、名教与自然等哲学问题时，把《老子》、《庄子》和《周易》视为基本思想资料，因而大加阐发，其中注《庄子》者不下数十家，而向秀、郭象注本最具影响力，并将玄学理论推向了高峰。

向秀（约227～272），字子期，河内怀（今河南武陟）人，为竹林七贤之一。他早年淡泊仕途，有隐居之志，后被迫出仕，但无意于此，仅以此作为存身之计。

向秀的主要著作为《庄子注》，被时人所称赏，但全本已佚，仅有少量佚文保存于张湛《刘子注》、陶弘景《养生廷命录》、陆德明《经典释文》、李善《文选注》等著作中，从中可以窥见其主要思想。其中合"自然"与"名

教"为一，更强调"自然"应合于"名教"的主旨，对郭象有直接影响。

郭象（约252~312），字子玄，河南人，《庄子注》是他流传下来的重要著作。

自南北朝开始，学术界对题名郭象著的《庄子注》的归属就存在分歧，南朝刘义庆《世说新语·文学篇》认为，最初有数十家《庄子》注本，但都不得旨要，向秀的注本于旧注外解析义理，奇妙精致，大畅玄风，《秋水》、《至乐》二篇没有完成就去世了，其子幼小，而使得文本零落散失，有一注本为郭象所得，郭象颖慧多才，但品行不佳，窃向秀的注本为己出，自注《秋水》、《至乐》两篇，更换《马蹄》一篇，整理了全书各篇的文句，后来又有其他向秀注本被发现，与之并行，所以向秀、郭象二人的《庄子注》思想是一致的。《晋书·郭象传》也持同样说法。但梁刘孝标《世说新语注》引东晋张隐《文士传》却认为郭象注本最有"清辞遒旨"，有其独特的思想。《晋书·向秀传》认为郭象在继承向秀的基础上，又加以阐发，是"述而广之"之作。因而较可信的结论应该是，郭象注本是汲取向秀的思想，总结了前人《庄子》注的成果，对向秀注加以阐发和弘扬，又具有自己的独到之处的集大成之作。

《庄子注》版本很多，而1961年中华书局出版的郭庆藩《庄子集释》校点本比较完善和通行。

《庄子注》代表了魏晋玄学发展的一个重要阶段，是早期玄学贵无论理论和"越名教而任自然"的名士风气遭到裴𬱟等人崇有论的批评，驳难后出现的，企图调合有与无、名教与自然的对立，而创"独化"论，适应了门阀贵族的政治需求，同时，是对《庄子》思想的一次重大改造和发展，因而影响深远。

江统作《徙戎论》主张迁出"五胡"

"晋乌丸归义侯"金印

元康九年（299）正月，太子洗马江统以为戎、狄内迁，引起诸多矛盾，是"五胡乱华"之源，乃作《徙戎论》，主张将其迁回本土。

（东）汉以来，西、北

"晋归义氐王"印

边陲的许多民族,陆续迁移至辽西、幽并、关陇等地,与汉人杂居。这些内迁民族,主要是匈奴、羯、氐、羌、鲜卑等,时人称之为"五胡"。

"五胡"各族内迁,在汉族的影响下,由游牧转向定居农耕,社会经济都在向上发展,胡汉文化习俗亦相互影响。当然这种变化和影响也充满了矛盾。并州匈奴人许多成了汉人地主的奴婢,汉人沦为奴婢的也不少。他们常常被迫服贱役,当兵作战。更有地方官员大掠境内诸胡,押往他乡出卖,因此时常激起各族人民的反抗。而内迁各族中有些上层人物往往利用本族人民,实行割据。

"晋鲜卑率善长"印

"晋率善明胡伯长"印

魏乌丸率善伯长印。"乌丸"即乌桓，东
胡族的一支，聚居于今河北北部和辽西一
带。伯长，官名。当时中原王朝对归附的
少数民族上层，往往采取封官赐印来进行
安抚。

上述情况，引起了许多人的忧虑，主张把"五胡"强迫迁走，江统作《徙戎论》就是这个用意。他提出"内诸夏而外夷狄"的观点，建议将匈奴、氏、羌等族迁回故土，以使"戎晋不杂"。但是，各族内迁和杂居是长期历史发展的结果，所以江统"徙戎"的议论，是根本无法实现的。

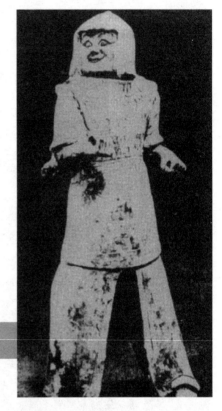

西晋胡人俑兵俑

杨泉、欧阳建反玄学潮流

魏晋是玄学思潮十分兴盛的时代，然而正当其方兴未艾之际，一些进步思想家，高张反玄学的大旗，对玄学理论从各个角度大加挞阀。其中最突出的是杨泉、欧阳建和鲍敬言。

杨泉，字德渊，梁国（今河南商丘）人。大约生活于公元三世纪末，著作有《太玄经》14卷，和自然哲学名著《物理论》16卷，宋代均已散佚。《玉函山房辑佚书·续编》还有清人王仁俊的辑本1卷。杨泉继承了王充的唯物主义自然论和无神论思想，还吸收了"浑天说"、"宣夜说"的宇宙理论的成果，形成了与玄学家"贵无"世界观的尖锐对立，同时否定了玄学神秘主义不可知论。杨泉坚持桓谭、王充以来的无神论的形神观，对正在与玄学合流的佛教神不灭论迎头痛击，对后来何承天、范缜等人的反佛斗争影响很大。此外，杨泉还抨击了清谈玄风，相反，他十分重视工技和生产的实际知识，充分肯定其改造自然的作用从而与玄学家鼓吹的"无为无造"思想根本对立。

　　欧阳建（270 ~ 300），字坚石，渤海南皮（今河北沧州）人。曾任历山县令、尚书郎、冯翊太守等职，后因统治阶级的内部纷争被赵王伦杀害。他的哲学

西晋青瓷扁壶

著作仅存《言尽意论》一篇。欧阳建针对荀粲等玄学家提倡的"言不尽意"和追求"象外之象"的观点进行驳难，还对王弼的"得意忘言"彻底否定，这些构成了《言尽意论》的主要内容。在《言尽意论》一文中，欧阳建首先强调认识对象的客观性。玄学家虚构的绝对本体"无"自然无法用语言来表述，而其认为语言对辨别事物、表达思想有十分重要的社会功能，概念能反映客观事物及其规律变化，从而否定了玄学家们的"言不尽意"的不可知论。而且语言概念是根据客观事物而产生的，与事物本身是截然不同的，因而，二者既有区别又有联系，语言、概念对于复杂事物的反映有时是近似的不完全的。玄学家片面夸大认识工具（语言、概念）和认识对象的差异以否认主观认识客观的可能性，从而认为"言不尽意"是完全错误的。

西晋

301～310A.D.

301A.D. 晋永康二年 永宁元年

赵王伦称皇帝，齐王司马同起兵讨赵王伦，成都王司马颖、河间王司马颙等应之。四月，左卫将军王舆等杀伦党孙秀等，迎惠帝复辟，囚伦于金墉。

303A.D. 晋太安二年

二月，罗尚击杀李特，特弟流代领其众；流寻死，特子雄为帅。八月，河间王颙、成都王颖讨长沙王乂，进兵洛阳。闰十二月，李雄入成都，罗尚遁。

304A.D. 晋永安元年 永兴元年 成都王李雄建兴元年 汉王刘渊元熙元年

七月，东海王越等奉惠帝讨太弟颖，败于荡阴，惠帝被迫入邺。十月，李雄称成都王。刘渊迁左国城，称汉王。十二月，太弟颖仍为成都王。

305A.D. 晋永兴二年 李雄建兴二年 汉元熙二年

七月，东海王越檄州郡兵迎惠帝，被推为盟主。

306A.D. 晋永兴二年 汉光熙元年 成李雄建兴三年 晏平元年 汉元熙三年

四月，东海王越遣迎惠帝之师入长安。

307A.D. 晋孝怀皇帝司马炽永嘉元年 成晏平二年 汉元熙四年

九月，汲桑、石勒败溃，勒旋说胡部大张菊督等投刘渊，渊遣勒破乌桓张伏利度，降其众。

308A.D. 晋永嘉二年 成晏平三年 汉元熙五年 永元年

十月，汉王刘渊称皇帝。并州刺史刘琨遣将率鲜卑兵败刘渊。

310A.D. 晋永嘉四年 成晏平五年 汉河瑞二年 刘聪光兴元年

七月，刘渊死。子和嗣。刘聪杀和自立。

303A.D.

罗马皇帝戴克里先下令严禁基督教，但基督教传播日盛。

306A.D.

罗马皇帝君士坦都死于不列颠，驻军选举其子君士坦丁为皇帝（在位年代306～337）。诸皇帝争位，国内大乱。

赵王伦称帝

永康元年（300）八月，司马伦立愍怀太子之子为皇太孙后，总揽了朝纲，以相国身份入朝辅政，但他并不满足于已获得的官位，在孙秀的唆使下，赵王伦图谋篡夺皇位。

永宁元年（301）初，司马伦、孙秀让牙门赵奉诈称宣帝司马懿神语说：司马伦应尽早做皇帝。仪阳王司马成为了讨好司马伦，逼夺了惠帝的玺绶，作了禅让的诏书，禅让皇位给司马伦，司马伦假装不接受，于是宗室诸王、王公卿士都称符瑞天文来劝他，司马伦就举行了仪式，即皇帝位，大赦天下，改元建始。尊惠帝为太上皇，将其囚禁于金墉城，改为永昌宫。立世子荂为皇太子，馥为京北王，虔为广平王，诩为霸城王，司马彤为宰衡，何劭为太宰，孙秀为侍中、骠骑将军、仪同三司，司马威为中书令，张林为卫将军，其余党徒，都封卿、将，下至奴卒也加了爵位。当时的达官以貂蝉装饰官帽，因而每逢朝会，貂蝉盈座，当时的人讥讽说"貂不足，狗尾续"。

由于司马伦智慧不足，能力低下，朝权落到孙秀的手中，司马伦所下发的诏书，被孙秀肆意篡改。

晋惠帝复位·齐王冏辅政

永宁元年（301）初，赵王伦篡夺帝位后，引起朝野的怨愤。三月，齐王冏与豫州刺史何勖、龙骧将军董艾等起兵共同讨伐赵王伦，并派遣使者约请成都王颖、河间王颙、常山王乂等发兵。诸王先后起兵响应。但扬州刺史郗隆和安南将军孟观则依附于司马伦。

司马伦、孙秀急忙调兵设防，在洛阳附近激战了两个多月被击败。四月，洛阳城中王舆与广陵公漼发动兵变，自南掖门入宫，杀了孙秀及党徒，囚禁了赵王伦。于是派甲士数千人到金墉城迎回惠帝，并将赵王伦及其子押送金墉城。不久赐死，其四个儿子被杀。凡是他任命的官吏都被罢免。其军队也先后归降。惠帝复位后，改元永宁，大贺五日，派遣使者慰劳司马冏、颖、颙三王。他们先后进京，威震京都。永宁元年（301）六月，司马冏进入洛阳，受拜为大司马，加九锡，入朝辅政。他一入朝就设置掾属，大兴土木，修筑府第，甚至与皇宫中皇帝所住的西宫攀比。成都王颖为大将军，加九锡，入朝时不必跪拜，允许佩剑入宫。河间王颙加三赐之礼。梁王肜为太宰，领司徒。广陵公漼、新野公歆进爵为王。司马冏还封葛冏、路秀、卫毅、刘真、韩泰

为县公，引人心腹和得力助手，号称"五公"。新野王歆建议齐王冏将成都
王颖留在京城辅政，否则，就应夺取其兵权，但颖的部下卢志亦劝司马颖离
开朝廷，以避免冲突。于是颖以探望母亲的病为借口回到了封地，朝中大权
全部被齐王冏掌握。这年七月，司马冏的哥哥司马蕤，因怀私恨，上表奏齐
王冏专权，与左卫将军王舆密谋废除司马冏，但事情败露，八月被免为庶人，
被发配到上庸，上庸内史陈钟暗中执行司马冏的密旨，将其杀害。齐王冏败后，
才得以王礼改葬。

中国书法成为独立艺术

　　汉魏时期，通行的隶书在发展到波磔挑法高度程式化的顶峰时，开始走
向衰落。楷书作为一种新体在汉魏书家的逐步探索，特别是钟繇所创楷法的
影响下，正走上取代隶书的行程；由隶书的简易发起来的章草日益兴盛时，
今草在楷体的兴起发展激励下，已露出取代章书的端倪；行书则在楷书、草
书两种势力的夹攻下也在积累孕育。它们都为中国书法艺术在晋代大放异彩
准备了内在的条件。

　　东汉和帝（89～105）时，蔡伦发明了造纸术，用树皮、破布、废网等造纸，
纸质坚韧，造价便宜，使纸普遍使用，为书法练习和传播提供了便利条件。
东晋王羲之书写《兰亭序》时，用的是"蚕茧纸、鼠须笔"，可知纸在晋代

左棻字蘭芝齊國臨菑人
晉武帝貴人也永康元年
三月十八日薨四月廿五
日葬峻陽陵西徼道內

晋左芬墓志

更有所发展。而书写用笔也越发讲究，在兔毫笔、羊青毛笔之外，还有道媚劲健的鼠须笔、鸡距笔。紧洁光丽的纸，饱满柔健的笔，再加色如点漆的墨，质地精良的砚，也是促进书法发展的有利条件，在书法工具上提供了保证。

汉魏晋之际，玄、道、佛思想广泛流行，为书法艺术的创作提供了多样化的文化背景。魏晋玄学兴起，崇尚清谈，文风放达，直接影响了当时士大夫们的思想情趣。

表现在书法便开始大胆追求超逸潇洒的艺术风格，这对行书的自由挥洒，丰神潇洒，草风的遒润多波，信手万变，痛快淋漓，一气呵成，准备了心理基础。这个时期战乱频繁、人民颠沛流离的社会背景，为佛学的传入和流行提供了适宜的土壤，也因此引起了开窟造像、凿石刻经、建寺立碑之风的盛行，这在客观上给书法的普及和发展起了催化促进作用。

魏晋时期，书法理论也很盛行，品藻风气在书法领域一浪紧接一浪，不断由表及里，探及书法本体的核心。这也是促进书法艺术繁荣发展的原因。

这时层出不穷的书法家作为书法艺术的主体，在代代传承、代代创新的艺术积累中，最终使中国的书法在晋代成为一种独立艺术。

晋代，楷书经王羲之的改进最终独立成新书体，又经王献之的创新，结束了楷书体的衍变过程，使楷书发展成熟；王羲之书天下第一行书——《兰亭序》后，使行书成为士大夫阶层最流行的书体；献之又将其父的草书由"破体"而成"一笔书"，使今草由此定型；行草介在行书和草书之间，也得到深入的发展。

晋代书法作为一种独立的艺术，可与唐诗、宋词、元曲、明清小说相提并论是中国古代文明史上光辉灿烂的一页。此时的书法名品很多，成为后世学书者的楷模，著名的书家有近二百人，可谓书法艺术的顶峰，对后世产生了深远影响。

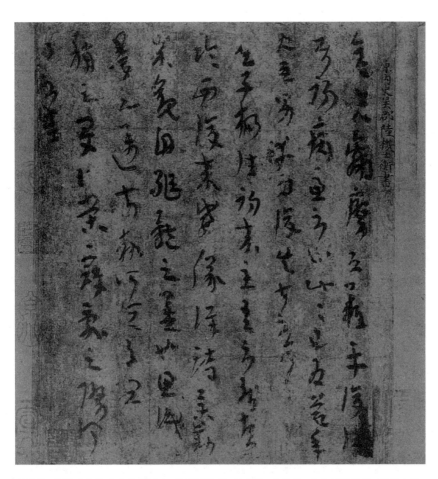

平复帖。我国现存的古代书家墨迹，以西晋陆机《平复贴》为最早。此帖秃笔枯锋，运笔古雅，是由隶体变草体过程中所出现的"初草"。

异彩纷呈的文明

陆机写《平复帖》

四晋时，陆机写成《平复帖》。他的书法，代表了三国孙吴士大夫阶层的风格，质朴老健，自然天成。

陆机，字士衡，吴郡（今江苏苏州）人，著名的文学家、书法家。自小就以文章得名，特别擅长于辞藻宏丽之诗文。尽管陆机为文名所掩，因而书名不彰，但《平复帖》奠定了他在书法史上的地位。

《平复帖》是中国古代名书法家流传至今的最早墨迹，帖纸本，纵23.8厘米，横20.5厘米。帖的内容是写给朋友的一封信札，文词优美，书体应是当时流行之式，可以看到草书由章草向今草的发展和演变，书法使用秃笔。

北宋《宣和书谱》把平复帖列入章草类，殊为欠妥。因为原迹上的每个字均无蚕头凤尾，也无银钩虿尾之状，与所有的《急就章》写法全不相同。

《平复帖》纸纹细断，墨色微绿，古意斑驳，而字奇幻不可读。这种笔法与后来之怀素《千文》、《苦笋帖》和五代杨凝式之《神仙起居八法》有近似之处。可见该贴对书史之影响。

李特率流民起义

自元康七年（297）以来，晋诸王连年混战，生灵涂炭。各地又接连遭逢灾荒，瘟疫流行，迫使百姓流徙逃荒。当时的户籍总数约 377 万，而逃往外地的灾民达 30 万户，计百万人口。晋朝政府多次下诏严禁流民入蜀，却毫无成效，仅是一纸空文。晋廷追究益州太守赵廞"不能控驭"的责任。打算任命成都内史耿滕接替他的职务。赵廞拉拢流民首领巴氏酋豪李庠，利用流民的力量谋反，后因李庠是东羌良将，通晓兵法，骁勇而得人心，赵廞忌妒他军队齐整，心中疑虑，以大逆不道之罪斩了李庠及子侄十余人。其兄李特为报仇雪恨，率流民攻打成都，杀了赵廞派人迎接新益州刺史罗尚。永宁元年（301），晋政府令流民返回原籍，并派御史冯、张昌监督此事，李特派天水阎氏向刺史罗尚求情并贿赂罗尚和冯，请求秋天返还，得到允许。罗尚限令流民于永宁元年七月上路，并下令州郡强行遣返。流民怨愤，而且正闹水灾，年谷未收，没有路费。李特又让阎氏去请求罗尚延缓到冬天。但辛

103

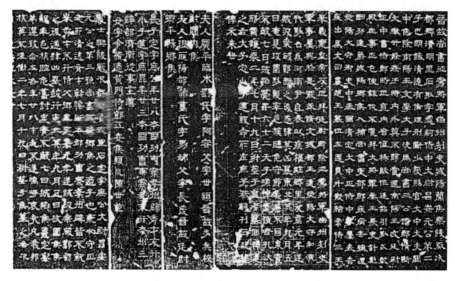

西晋石鲜、石定墓志拓本。这块墓志的志文中，有关于307年汉人汲桑和羯人石勒领导的流民起义军攻打郡县、占领邺城的记载。

冉及犍为太守李苾不同意，与罗尚及梓潼太守在各重要关口把设，搜抢流民的财物。流民恐惧而怨恨，纷纷依附李特。李特及其弟李流在平定赵廞时有功被封侯，授宣威将军、奋武将军。这时他们在绵竹安抚流民，不到一个月就有两万多人来归附。其部下亦有几千人。李特再次派阎氏去要求罗尚宽限，得到罗尚允诺。广汉太守辛冉、犍为太守李苾发兵进攻流民，罗尚也派兵助战。于是李特率领流民军向官军展开进攻，击败官军。六郡流民推李特为镇北大将军，李流为镇东大将军，多次打败川军，占据广汉后，又进攻成都。

李特全家及亲戚皆是将帅。李特起兵后，晋廷极为恐惧，多次派军队镇压，流民军不断取胜。永宁二年（302）五月，李特自称大将军、益州牧、都督梁、益二州诸军事。八月，又连败官军，进攻成都时，军势大盛，蜀地的豪强如李猛等都来依附。

李特进住成都步城后自立年号为太安。太安二年（303）二月，流民军被罗尚的官军偷袭，李特等人被杀，李流接替其职责，退保赤祖（今四川绵竹东），不久由李雄代替执掌军事，势力有所恢复。闰十二月，李雄攻入成都，罗尚弃城而逃。

张昌起义

晋太安二年（303）五月，义阳平氏县（今河南桐柏）蛮族人张昌聚众起事，反抗晋朝廷。

张昌本是"义阳蛮"，曾担任平氏县史，常以迷信惑众。当时西晋为征讨巴蜀的李流，颁布"壬午诏令"，征发荆州汉、蛮等族的丁壮，号称"壬午兵"，并责令地方官严加查察，引起民众强烈不满。郡县官吏害怕朝廷诏，纷纷驱赶兵丁。当时江夏人获丰收，民众到这里就食者数千人，张昌乘机煽动民众，率领安陆石岩山流民及戍役造反起事，很快占据江夏，人数拥有数万，拥立山都县史丘沈为天子，更名"刘尼"，诈称汉朝后代。张昌自为相国，改名李辰，建元神凤，郊祀、服色一律依照汉朝规定。一时间江、沔民众纷纷响应，不久达三万人，晋朝廷先后派军镇压，均因张昌抵抗或晋朝廷内争而没能成功。张昌大败官兵，杀亲刚阳王司马歆。张昌乘此机会，派石冰进攻扬州，又攻破江州、武昌、长沙；临淮人封云起兵进攻徐州，以响应石冰。于是荆、江、徐、扬、豫五州多为张昌攻占。太安二年（303）七月，镇南将军刘弘都督荆州军事，派南蛮长史陶侃在竟陵（今湖北潜江西北）围攻张昌，陶侃军数次与张昌交战，

屡次获胜，张昌损失数万人。屯骑校尉刘乔为豫州刺史，从东向张昌进攻，占领江夏，杀了张昌的皇帝刘尼。石冰在江东也被广陵郡度支陈敏率兵所灭。张昌于是退入俊山（今湖南源陵），部众多投降官军。陶侃由此名声日渐大起，张昌势力逐渐转入穷困。永兴元年（304）七月，张昌被荆州兵俘获而死，三族被夷灭。

二王攻杀长沙王

永安元年（304）正月，长安义王被擒，继而被炙烤而死。

长沙王司马义自从消灭齐王同之后，入掌朝柄，河间王颙与成都王颖则在藩守，司马颖依仗功劳骄奢淫逸，嫌司马义在朝而不能逞其欲，于是谋划设法除掉司马义。正巧司马义杀了司马颙的亲信李含，太安二年（303）七月，司马颙起兵讨义，司马颖也响应。八月，颙、颖二王上书对司马义所论功赏不满，建议朝廷将其罢免，遭到惠帝拒绝。二王以司马义与羊皇后之父羊玄之专擅朝政为理由起兵。司马颙命张方率兵 7 万，从函谷关攻到洛阳，司马颖派陆机领兵 20 万南向洛阳。长沙王义奉惠帝之命率军迎战。

从八月到岁末，司马颖兵逼京师，洛阳城内缺水，司马义于是下令王公奴婢用手春米供军。公私穷乏，民众饥饿，米价暴涨，洛阳城形势万分危急，羊玄之忧惧而死。但长沙王义据守洛阳，仍屡次打败司马颖，军心也相当稳定。

长沙出土晋墓骑马武士陶俑

异彩纷呈的文明

嘉峪关出土西晋墓出行图砖画

司马颙大将张方因洛阳城不克，正想还军长安。不料东海王越暗中与左卫将军朱默通谋，串通殿中将士，生擒长沙王乂，幽禁在金墉城（今河南洛阳东北）。逼惠帝下诏免除司马乂的一切职务，改元永安。又与张方密谋，张方在永安元年（304）正月二十七日派3000名士兵到金墉城再捉长沙王，剥其衣服，用铁链捆于石柱，四周用通红炭火炙烤致死。司马乂死时年仅28岁。于是，司马颖进入洛阳，担任承相之职，并任命司马越为尚书令。

"太康之英"陆机被杀

太安二年（303）八月，文学家陆机及其弟陆云被杀。

陆机（261 ~ 303），西晋文学家。字士衡。吴郡吴县华亭（今上海市松江县）人。出身于名门世族，祖陆逊，父陆抗，皆为三国时吴国名将。陆抗去世时，陆机14岁，即与其弟兄分领父兵，为牙门将。20岁时吴亡，与其弟陆云退居故里，闭门苦学，十年不仕。太康十年（289），两兄弟来到洛阳，文才倾动一时，誉满京师，有"二陆入洛，三张减价"之说。太常张华对他们尤为爱重，说："伐吴之役，利获二俊。"陆机入晋后历任太子洗马、著作郎、中书郎等职。又由成都王（司马颖）荐为平原内史，故世人称之陆平原。太安初，为成都王率兵讨长沙王（司马乂），任后将军，河北大都督，兵败被谗，为司马颖所杀，夷三族。陆机今存诗约百余首，其作品注重形式技巧，

THE CHINESE CIVILIZATION

异彩纷呈的文明

晋木棺彩绘伏羲女娲图。图在漆木棺盖内面，右侧绘伏羲，左侧绘女娲，皆人首龙身，龙身下部有两足。身披羽裳，宽衣博带，迎风飘动。伏羲有微须，右手持剪，左手捧赤日，日中有黑色三足乌。女娲发髻高耸，左手持规矩，右手捧明月，月中有蟾蜍。伏羲和女娲的周围满布流动的云气纹，象征墓主人死后升仙登临的天界。这幅《伏羲女娲图》，深灰色作底，上以朱砂、石黄、赭石、石青、白、黑等色图绘。刻划细微，用笔流畅随意，以浩荡的云气衬托出遨游其间的神仙，具有奔放飞扬的气势。

讲究词藻对偶，文辞华美，代表了太康文学的主要倾向。他在文学理论方面也有所建树，其《文赋》是中国第一篇系统的创作论，对后世的文学创作和理论发展产生了重要的影响。他的赋今存27篇，大都篇幅短小、文笔轻灵，或直抒胸臆，或咏物寄怀。而他的骈文似比诗、赋更为出色，较著名的有《辩亡论》、《吊魏武帝文》，前者宏记滔滔、笔墨酣畅，后者时而豪放、时而委婉，深得后人嘉许。除文学创作以外，他在史学、艺术方面也多有造诣。曾著有史学著作《晋纪》4卷、《吴书》（未完成）、《洛阳记》1卷等，可惜已散佚。所书《平复帖》是书法中的珍品。还有画论，但仅见诸唐人

西晋牛耕壁画。本图为一男架牛梨地，再现了当时的农业生产活动。

所记，已失传。

陆机是西晋太康、元康间最著声誉的文学家，故被后人称为"太康之英"。

陈敏割据江东

永兴二年（305）十二月，右将军陈敏占据历阳谋反，称大司马、楚公。

陈敏，字令通，庐江人。太安二年（303），任广陵度支，在奉春与石冰激战，304年，又在建康攻打石冰。破石冰后，被任为广陵相。永兴二年八月，陈敏主动请求东归，招兵买马，据守历阳，派弟陈恢、陈斌攻略江、扬等地，于是占据江东。陈敏采纳顾荣的建议，任用江东豪杰名士。陈敏又命令僚属推戴自己为

都督江东诸军事、大司马、楚公、加九锡，列上尚书，自称被中诏，自江入沔汉，奉迎銮驾。陈敏割据江东时，施行了一系列善政，如在广陵北河湖之

江东大族顾荣像

间开拓水道，缩短船程；又在曲阿以北开辟了几百顷垦区，促进了生产的发展。

但因陈敏出身寒门，西晋门阀政权和江东士族对他很反感。永嘉元年（307），晋征东大将军刘准率军讨伐陈敏，江东大族顾荣、周玘、甘卓和丹阳太守纪瞻等联合起来共同讨伐陈敏。陈敏在朱雀桥兵败，与母亲以及妻子、儿子一起被杀，并被灭三族。

束皙去世

晋永兴二年（305），束皙去世。

束皙（约265～305），字广微，阳平元城（今河北大名东）人。张华十分器重他，召为掾属，后又被下邳王司马吴召去。太康二年（281），汲郡人不准盗掘了魏襄王墓，获竹书数十车，其中有《纪年》、《易经》、《国语》、《穆天子传》等残简75篇，以及铜剑一柄。束皙受晋武帝之命，详细加以考察，随疑分释，考辨出它的文义。因此升迁为尚书郎。

束皙因《诗经·小雅》中有诗六篇"有其声而亡其辞"，于是补作《南陔》、《白华》等篇，称《补亡诗》。束皙学厚丰养，考识精据，著述也很多。

异彩纷呈的文明

西晋青瓷四耳盂双鸽钮

东海王等讨成都王

永兴元年（304）七月，东海王司马越征讨成都王司马颖。

自司马颖入据洛阳后，大权独揽，威势逼人，宠信佞幸，僭侈日甚，不仅使朝野上下大失所望，也引起了司马越的忌恨。司马越与右卫将军陈眕及司马乂故将上官已等密谋讨伐司马颖。永安元年（304）七月，陈眕率军进入云龙门，以诏书号召百官众卿声言讨颖，并且复位皇后羊氏及太户司马覃。司马越自任大都督，挟持惠帝（司马衷）北征邺（今河北磁县东南）。其间檄召四方，赴者云集，人数达十万，使邺中上下震惊恐慌。司马颖连忙调兵遣将，命令石超堵截。两军相遇在荡阴（今河南荡阴西南），展开激战。司

西晋虎镇

马越大败，逃回封地。司马颙部将张方，乘机进据洛阳。激战中，惠帝颊部
受伤，身中三箭，幸有老臣嵇绍以身护帝，保全了性命。石超要斩嵇绍，惠
帝阻止说："忠臣也，勿杀！"但嵇绍仍被杀害，血溅到了惠帝衣服上。左右
侍卫要洗惠帝的衣服，惠帝感慨道："此嵇侍中血，勿浣也！"在司马越征讨
司马颙的同时，素与司马颙不合的幽州刺史王浚联合鲜卑段务勿尘、乌桓族羯

朱及东嬴公司马腾一同起兵讨伐司马颖，击败了司马颖郎将北中郎将王斌、石
超，直逼邺城。司马颖大惊失色，慌忙护着惠帝逃至洛阳。已据洛阳的张方逼
惠帝、成都王颖等迁往长安（今陕西西安），恢复年号永安。王浚进入邺城之
后，放纵士兵强暴掳掠，邺城民众死伤甚多。同时，他又令乌桓阍朱追击司马
颖，兵民败退回幽州。途中，被抢掠的妇女哭声载道，口粮匮乏，王浚令："敢

115

有挟藏者斩首！"鲜卑士兵将 2000 多妇女沉溺于易水中。司马颖兵败后，埋怨东安公司马繇在司马越攻打邺城时劝他投降，在同年八月杀害了司马繇。

刘渊起兵

永安元年（304）八月，刘渊在离石（今山西离石）起兵反晋。

刘渊，字元海，新兴（今山西忻县）匈奴人。幼年拜师上党崔游，综览汉籍，尤好《春秋左氏传》、《孙吴兵法》。曾任左郎帅、北部都尉、五部大都督、宁朔将军。在随从祖右贤王刘宣时，谋求恢复匈奴势力，被推为大单于。晋永安元年（304），王浚与司马腾起兵征讨司马颖时，因为献良策，被司马颖拜为北单于、参承相军事。当司马颖挟惠帝败退洛阳的时候，刘渊为助司马颖，想起兵进攻鲜卑、乌桓，刘宣阻止了他。八月，司马腾向招跋猗㐌乞兵，在河西（今陕西、山西间黄河以西）击败刘渊。同月，刘渊在离石（今山西离石）起兵反晋，自称大单于。同年十月，刘渊迁都左国城，对众宣称："昔汉有天下久长，恩结于民。吾，昔汉氏之甥；约为兄弟，兄之弟绍，不亦可乎！"于是，建国号为汉，刘渊即汉王位，尊蜀汉刘禅为孝怀皇帝，建元元熙。十二月，刘渊在大陵（今山西文水）击败司马腾，又派刘曜攻太原，占据泫氏、屯留、长子、中都等地；又派乔晞攻四河，占据介休。

东海王起兵迎帝还都

永兴二年（305）七月，东海王越欲起兵迎接惠帝还都。永兴三年（306）六月，惠帝返还洛阳。

河间王颙部将张方挟持惠帝西迁长安后，天下震惊。永兴二年（305）七月，司马越传檄天下，欲起兵讨伐张方，迎接惠帝返还旧都，被王浚等推举为盟主。后命司马虓统帅豫州，豫州刺史刘乔为冀州刺史。刘乔不领受东海王命令，发兵阻挡越兵。司马颙调张方率精兵十万援助刘乔，命司马颖等占据河桥（今河南洛阳北、孟津黄河上，北通洛阳）抵抗司马越。十二月，王浚命令刘琨率兵攻打刘乔，刘乔从考城（今河南民权东北）退兵。司马颙想和东海王讲和，又怕张方不从，永兴三年（306）正月，杀死张方并将首级送给司马越求和。但司马越拒绝和解，并派其前锋祁弘连连击败颙军。司马颙单骑逃入太白山（今陕西县），司马颖也从武关（今陕西商县南）逃奔新野（今河南新野南），后转到朝歌。祁弘等率军进占长安。属下军队烧杀抢掠，死者达 2 万多人，百官都逃到山中。六月，奉迎惠帝乘牛车东还洛阳，改元光熙，又复立羊皇后。

异彩纷呈的文明

李雄称王

永安元年（304）十月，李雄称成都王，建元建兴。

李雄继李特、李荡、李流死后掌握流民军，而且还招徕青山城处士范长生。由于范长生德高望众，一向被蜀人所推崇，所以李雄要推举他为长，但被谢绝。永安元年（304）十月，李雄称王，建元建兴。尊他的叔父李骧为太傅，兄长李始为保，母亲罗氏为王太后。其余的，如李离、李云、李璜、李国、阎武、杨褒等各有封官。为了巩固自己的政权，李雄废除了晋法，颁新法，与民约法七章，减轻赋税徭役，开设学校。在范长生等人的辅佐下，李雄的势力日益强大。范长生更力劝其称尊号。建兴三年（306）六月，成都王李雄称皇帝，改元晏平，国号大成，追尊李特为景帝，庙号始祖，母罗氏为太后。

由于大成国新立，百废待兴，李雄委以范长生为天地太师要职，建立百官制度。尚书令阎式向李雄建议，依据汉晋故事，"立制度以为楷式"，这就可以避免因无法可依，无章可循，大小将领倚仗自己对国家有恩，肆无忌惮地争官夺职。

李雄兴然采纳。建国初，李雄觉得财力不足，于是就用封官位来换取所献金银。尚书令杨褒好直言，上谏道："陛下设官爵，当网罗天下英豪，何以有以官买金邪！"李雄悔悟，停止了用献金银得官的错误做法。

李雄性情宽厚，简刑约法，在他据成都称王年内，大成国境内百业兴旺，百姓尚可安居乐业，因而战乱地区百姓多有逃往大成国。咸和八年（333），李雄病逝，终年61岁，在位30年。

司马彪去世

光熙元年（306）底，史学家司马彪去世，终年60岁。

司马彪（约240～306），字绍统，河内温县（今河南温县西）人，司马懿弟司马敏后代。幼年时勤学好问，孜孜不倦。但由于他好色薄行，遭到他父亲的贬斥，不准他当继承人，所以就专心致志地博览群书，研究学问。曾任骑都尉、秘书郎、秘书丞。著有《庄子注》、《九州春秋》等。所著《续汉书》80卷，记载了从世祖光武帝刘秀到孝献帝刘协200年的东汉史事，包括纪、志、传。这是司马彪博采众书，为弥补汉氏中兴至建安年间史记繁杂，缺欠很多而著的。现仅存八志三十卷，其中纪、传部分散佚。北宋以后配合范晔的《后汉书》纪、传刊行。此外，谯周认为司马迁的《史记》在记载周秦以上史事时多采用的是俗语，而没有专据正典，所以他作《古史考》25篇，凭据旧典，纠正司马迁的

错误之处。到司马彪时,又认为谯周的《古史考》也并不完美,所以他对照《汲冢纪年》,稽查考证了其中 120 多条的不当,并刊行于世。该书后来已遗散。

东海王主朝政·八王之乱结束

自元康元年(291)起,先后有汝南王亮、楚王玮、赵王伦、齐王冏、长沙王乂、成都王颖、河间王颙及东海王越等为争夺最高权力互相残杀,前后长达十六年之久,史称"八王之乱"。到光熙元年(306)十二月,以东海王司马越独掌朝政,才告结束。

东海王越发兵迎接惠帝返还洛阳以后,司马颙、司马颖失去了势力,政权渐渐又被东海王越所掌握。东海王越,字元超,高密王司马泰的儿子,因为讨伐杨骏有功,封五千户侯,又别封东海王。光熙元年(306)八月,东海王越任太傅、录尚书事;司马虓、司马模、王浚等分别为司空、镇邺、镇东大将军(镇许昌)及幽州刺史镇范阳。而流窜到朝歌的成都王颖本想与公师藩会合,却被顿丘太守冯嵩擒获,送到邺城。范阳王虓不忍伤害成都王颖,便把他幽禁起来。十月,范阳王司马虓病死。长史刘舆便以害怕成都王颖鼓动邺城人作乱的名义,叫人装扮成召使,谎称诏书下,赐死成都王司马颖,司马颖死时年仅 28 岁。他的两个儿子也被杀。十一月十七日,晋惠帝吃饼中毒,次日清晨在显阳殿身亡,年 48 岁。惠帝司马衷在位 16 年,改元 7 次,朝廷

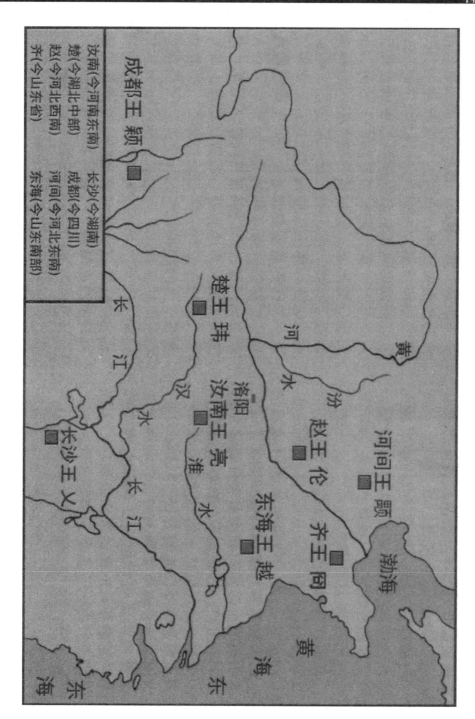

汝南(今河南东南)　长沙(今湖南)
楚(今湖北中部)　成都(今四川)
赵(今河北西南)　河间(今河北东南)
齐(今山东省)　东海(今山东南部)

成都王颖

楚王玮
汝南王亮
洛阳
赵王伦
齐王冏
河间王颙
东海王越
长沙王乂

黄河
渭
长江
汉水
淮水
长江
渤海
黄海
东海
东海

异彩纷呈的文明

洛阳出土晋武士俑

纲纪大坏，宠信奸臣，忠贤之士皆被陷害。高平王沈所著的《释时论》、南阳鲁褒所著的《钱神论》、庐江杜嵩所著的《任子春秋》都是痛疾这些时政的。对于司马衷的死，时人传说是司马越所为。惠帝死后，他弟弟司马炽继位，这就是孝怀皇帝，年号永嘉。十二月，司马越以诏书征召河间王司马颙进洛阳任司徒，南阳王司马模派遣他的大将梁臣迎在新安（今河南渑池东）途中暗杀了河间王颙，同时被杀的还有他的三个儿子。至此，惠帝司马衷和成都王司马颖、河间王司马颙二王都被杀害，一切朝政大权，全部落入东海王司马越手中。前后延续了16年之久的诸王争权夺位，战乱纷起，令百姓涂炭的"八王之乱"终于结束。

刘渊称帝建汉·十六国开始

永嘉二年（308）十月，刘渊称皇帝，国号汉，改元永凤。

刘渊称王建汉后，势力不断增长。造反兵败的石勒率领胡人部众几千人，乌桓部落2000人归顺刘渊，上郡（今陕西北部）四部鲜卑陆逐延、氐酋大单于徵、东莱王弥等也都归降刘渊，形成了一支由匈奴、鲜卑、羯、氐、羌等各族组成的反晋力量，刘渊称帝的意图也渐明显。为给建立帝业做准备，刘渊四处出兵，频繁侵扰晋地。首先派刘聪向南占据太行（今山西晋城南），又遣石勒等十大将东下攻取赵（今河北赵县、临城一带）、魏（今河北磁县、

临淳、广平一带）。永嘉二年（308）七月，刘渊攻陷平阳（今山西临汾西）、蒲坂，占据河东，把首都迁到蒲子（今山西隰县）。永嘉二年（308）冬十月，刘渊正式称皇帝，改元永凤，国号汉，封其子大将军刘和梁王，且为大司马；尚书令刘欢乐陈留王，且为大司徒；御史大夫呼延翼雁门郡公，且为大司空。宗室以亲疏为等，均封郡县王；异姓则以功勋为差，封为郡县公侯。永嘉三年（309）正月，刘渊又采纳太史令宣于修建议，正式迁都平阳（今山西临汾西）。因从汾河水中获得治国玉玺，其上面写有"有新保之"，刘渊认为这对自己是非常的吉祥，于是改元河瑞。永嘉三年（309）三月，晋将军朱诞归降刘渊，劝其乘洛阳孤单势弱之机进攻。刘渊于是任命朱诞为前锋都督，刘景为大都督，攻下晋国的黎阳（今河南浚县西南），又打败晋将王堪，攻破延津（今河南延津西北至滑县以北一带）。刘景大将军的称号是"灭晋"，据传他一见晋人，不问男女老幼，一概杀戮。时刘景攻占黎阳、延津等地后，大施淫威，下令将该地百姓驱赶至黄河溺死，数日内，淹死男女达 3 万余人。同年夏，王弥、刘聪奉命连连打败晋将，攻下壶关（今山西黎城东北）。同时，匈奴铁弗氏与白部鲜卑也降顺了刘渊。八月，刘聪又奉命进攻晋都洛阳。九月，晋弘农太守垣延诈降，夜袭刘聪获大胜。十月，刘聪再次奉命与王弥、刘曜、刘景率精骑五万进攻洛阳。刘聪到达洛阳西明门，把军队驻扎在洛河旁。晋军起而反击，屡屡得胜，引起了刘聪的恐惧。王弥劝刘聪说洛阳守备顽固，而汉军粮食短缺，应暂还平原。正在此时，刘渊也召刘聪回还，十一月，刘聪等返还平阳。后封刘聪为大司徒。

日本出土魏景初三年制铜镜

中国文化开始大规模传入日本

三世纪下半叶到六世纪，中国的先进文化大规模传入日本，促成了日本古坟文化的兴起，并最终代替弥生文化，推进了日本历史文化的进程。在此期间，代表古坟文化的大和政权开始形成，并逐渐成为日本列岛的中心，在四世纪下半叶基本统一日本，使日本进入古代文明的繁盛阶段。

这一时期，日本通过朝鲜半岛继续吸收大陆先进文化，不断从南朝鲜的弁辰获得铁矿和铁制工具、兵器，并开始交结百济。同时，日本也同中国直接联系，经常派遣使者，先后和曹魏、东晋、刘宋、南齐、肖梁等政权建立邦交，以获得册封，加强文化的交流，壮大自己的国力。

238年以后的八九年间，日本倭女王卑弥呼就向曹魏派出四次使节，并献赠男生口、女生口、斑布等礼品。240年，魏派使节由带方郡航行到达卑弥呼的都城邪马台国，随带的礼品有绀地句文锦三匹、细斑华罽五张、白绢50匹、铜镜百枚、珍珠和铅丹各50斤、金八两、五尺刀二口，并有诏书和册封卑弥呼的金印紫绶，并封卑弥呼为亲魏倭王。247年，魏使又第二次去卑弥呼。《三国志·魏志·倭人传》记下了魏使从带方郡渡海，经对马海峡到达九州博多湾，再进入濑户内海到达周防的佐婆郡王、祖神社，最后再走10天水路、30天陆路到达大和朝廷所在地邪马台的路程和见闻。大孤黄金冢古坟出土的魏景初三年（239）铭文的三角缘神兽镜，为这次出使的最好见证，成为日本历史上首篇真实的信史。

243年，日本使节抵达洛阳向魏帝进献礼物，其中有布倭锦、绛青缣、绵衣、帛布。表明在此之前，日本国内至少在北九州等地已学到了中国的养蚕、缉绩缣绵等丝织技术，并已初步学有成效，依靠从中国引进的提花、印染等丝

公元四世纪高句丽狩猎壁画。是高句丽壁画中杰出的代表作品。

织技工，制造出了国产的丝织品。

应神天皇（270～309）时代，大批汉人从朝鲜移居日本，到钦明天皇元年（540），秦汉人的户数已达7053户，大和国高市郡的居民几乎是清一色的汉人。他们从中国带来了先进的养蚕织丝技术，更进了织机，改良了蚕种，为日本的丝织业开创了一个新的局面。

雄略天皇（457～497）时代，中国北方的新汉人和中国南方的吴人，继续大量进入日本，并受到雄略天皇的重视和鼓励。这些中国移民果然不负众望，织出堆积如山的绢匹绵帛，得到赐姓"秦酒公"、"太秦公"的封号，使日本的蚕桑丝织在各地普及开来，雄略天皇还从扬州、南京等地引进纺织和缝衣工匠。

除佛教东渡外，中国对日本在精神文化的影响还表现在文教、儒学等方面。240年魏使带回卑弥呼的表文，应是日本第一次正式使用汉字的记录。应神天皇时，汉字正式传入日本宫廷。约在405年，百济博士王仁向应神天皇献《论语》十卷、《千字文》一卷，使汉字和儒家经典正式传入日本，结束了日本无文字的历史。此后，日本的文字逐步从汉字中借音、借形产生出来，开始了记录本民族语言的文字历史时代。

汲桑、石勒焚邺宫

永嘉元年（307）五月，汲桑、石勒起兵，攻陷邺城，放火焚烧了邺宫。

"八王之乱"战火熄灭才半年，北方战争烽烟又起，领头人是汲桑和石勒。汲桑，茌平县官牧场牧师。石勒，上党武乡羯族人，出生于部落小率之家，后被习军抓获，卖作茌平县师懽家为奴。

光熙元年（306），幺师藩死后，汲桑逃到了茌平牧苑，自称为大将军，扩充兵力，聚众劫掠郡县，并声言要为成都王司马颖报仇。永嘉元年（307），汲桑派石勒为先锋进攻邺城（今河北磁县东南，南邻河南安阳）。五月，魏郡太守冯嵩被打败，汲桑和石勒进占邺城，桑将李丰杀死了轻骑出逃的司马腾。汲桑取出成都王颖的棺木，用车运走，然后放火焚烧邺宫。邺宫原是东汉末袁绍所建，后曹操增造扩建，晋朝几代宗室都曾加以修饰。大火一直延续了十几天，最后邺城化为灰烬。

同时他们还杀害了城中士民一万多人，大举掠劫钱财而去。司马越听说这件事后，大为震惊，忙派遣大将苟晞将军王赞追击汲桑，与石勒前后进行 30 余次激战，在平原、阳平相峙达数月之久。同年七月，为援助苟晞，司马越亲自率领军队驻扎到官渡。八月，苟晞大败汲桑、石勒。汲桑逃奔马牧，后于永嘉元年（307）十二月被原随司马腾就食冀州的乞治首领田甄、田兰等击杀于乐陵（今山东乐陵南）。石勒投奔胡郎大张匐督、冯莫突等人。同年十月说服张、冯归附刘渊，石勒被封为辅汉将军、平晋王。不久石勒又设计控制居东平的乌桓张伏利度部队归顺汉王，从而又被加封为督山东征讨诸军事，其势力渐渐壮大。

刘渊卒·刘聪即位

　　汉河瑞二年（310）七月，刘渊卒，其子刘和继位。后刘聪杀刘和，即帝位，改元光兴。汉河瑞二年（310）七月，刘渊病重，任命刘聪为大司马、大单于，并录尚书事，在平阳西设置单于台。刘渊还宣召刘欢乐等人受遗诏辅佐朝政。不久，刘渊病逝，太子刘和即位。刘和字玄泰，少儿时通晓《毛诗》、《左氏春秋》、《郑氏易》等。汉河瑞二年（310）正月，被汉主刘渊封为皇太子。之后，刘和疑心过重，与朝中文武大臣多有不合。刘渊在位时，对宗正呼延攸、侍中刘乘、西昌王刘锐等均不重用，因而这些人便劝促刘和杀安昌王刘盛等，随即又进攻刘聪、刘裕、刘隆、刘义，先后杀害了数王。刘聪于是率军进行反击，攻进西明门。七月二十四日在光极西室杀死了刘和，抓获刘锐、呼延攸、刘乘，并且枭首通衢。随后，刘聪即位，改元光兴，尊生母张氏为帝太后，皇后单氏为皇太后，立妻呼延氏为皇后。立单后子义为皇太弟，领大单于、大司徒。

青瓷工艺成熟

　　从商周原始青瓷过渡到成熟瓷器经历了漫长的阶段，但至迟至西晋初年，

青瓷盆

异
彩
纷
呈
的
文
明

西晋青瓷虎子

我国青瓷工艺已经相当成熟了。

　　青瓷是指施青色高温釉的瓷器，也是中国制瓷业中烧造时间最早的一个品种。青瓷出现于夏商，因制作工艺粗陋，故称原始青瓷。经西周至春秋战国时，原始青瓷取得了长足的进步，不少器物烧结度较高，胎釉结合牢固，釉层厚薄均匀，釉色青中泛黄。有人将这种青瓷称为早期青瓷。到了东汉，上虞窑创烧出成熟青瓷，推动了古代青瓷生产的发展。小仙坛、凤凰山的考古发掘为成熟青瓷起源于浙江上虞提供了实物证明。

　　三国两晋时，烧造青瓷的已有越窑、瓯窑、婺州窑、宜兴窑等，青瓷生

西晋青釉香薰

产进入繁荣期，烧造工艺也全面成熟。主要表现在以下四个方面：

1. 器物种类大为增多。常见的产品有碗、钵、罂、罐、虎子、洗、狮形器、灯、槅、杯、砚、尊等20余种，而每一个品种又可分为许多形制。

2. 瓷器的装饰更为丰富。孙吴时期，瓷器的装饰艺术就出现了崭新的面貌。常见的纹饰有压印的网格带纹、云气纹，戳印的联珠纹，帖印的四神、佛像、铺首、瑞兽、人物等，雕塑的人物、飞鸟、龟、狗、猪、熊、羊、螃蟹、亭台楼阁、回廊院落，刻画的双鱼纹，范印的鸡首、虎首等，同时，三国西晋时期常常将瓷器的整体或局部做成动物形状，如：狮形器、羊形器、兽形尊、蛙形水丞，虎子的虎形提梁，灯的熊形灯柱等。如此繁缛的装饰纹样，使三国西晋时的青瓷显得富丽而充满朝气。

西晋青瓷狮形器

蛙形水注

3. 瓷器的成型工艺明显改进。碗、钵、洗、罐、罂等器型规正，器壁厚薄均匀，大部分器物都经过修坯，一般在器表上看不到拉坯的痕迹。

4. 烧成技术显著提高。三国西晋时，生烧或过烧的器物比例已较小，说明窑工已能较好地控制窑温。西晋的龙窑长达 15 米以上，并在窑壁上设置柴孔，实行分段烧成，以免后段坯件生烧。其次，此期青瓷的釉色比较稳定，以青绿色为主，其他釉色较少，这表明当时已能很好地掌握烧成气氛，使坯件在还原焰中烧成，所以才能呈现出一种青莹如碧的幽雅色调。

青瓷以其素雅、清丽、明净的釉色和多姿多采的装饰纹样及传神生动的器物造型受到国内外人民的普遍喜爱。以越窑为主的青瓷，历经三国西晋，不断趋于成熟，成为制瓷技术辐射性传播的源泉，并对唐宋青瓷的空前繁荣产生了深远的影响。

西晋

311A.D. 晋永嘉五年 成玉衡元年 汉光兴二年 嘉平元年

正月,石勒陷江夏。四月,石勒追越丧及之苦县,晋兵死者十余万,杀从越诸王公及太尉王衍等。六月,刘曜、王弥入洛阳,官民死者三万余人;怀帝被俘,刘聪封帝为平阿公,改元嘉平。永嘉南渡,中原人士大批南迁。司空荀藩檄推琅邪王司马睿为盟主,藩等拥其甥秦王司马业奔许昌,征东大将军荀晞拥豫章王司马瑞为皇太子。七月,大司马王浚假立皇太子。十月,石勒杀王弥,略豫州,临江而还。

312A.D. 晋永嘉六年 成玉衡二年 汉嘉平二年

刘聪进封怀帝为会稽郡公。四月,贾疋等逐刘曜,迎秦王业如长安。七月,石勒据襄国。九月,贾疋等立秦王邺为皇太子。十月,刘琨以拓跋猗卢之助,败刘聪,复晋阳。张盛移居龙虎山,张天师世代相传开始。哲学家郭象去世。

313A.D. 晋永嘉七年 晋建兴元年 成玉衡三年 汉嘉平三年

正月,刘聪杀晋怀帝。四月,皇太子业即皇帝位,是为孝愍皇帝。七月,刘琨与拓破猗卢连兵攻刘聪。琅邪王睿以祖逖为豫州刺史。十月,刘曜攻长安,入外城,旋大败。

316A.D. 晋建兴四年 成玉衡六年 汉建元二年 麟嘉元年 前凉张寔三年

四月,代王拓跋猗卢为其子所杀,部下乌桓三万家归于刘琨。七月,刘曜陷北地,至泾阳。八月,刘曜围长安,十一月,愍帝出降。西晋亡。刘琨为石勒所败,奔幽州依段匹磾。

311A.D.

罗马君士坦丁侵入意大利,杀罗马皇帝马克喜阿斯。君士坦丁发布米兰敕令,承认基督教与其他宗教有同等权利,归还基督教徒被没收之财产。

313A.D.

罗马奥古斯都达伊阿自小亚细亚率兵入欧洲,为奥古斯都来辛尼阿所杀,来辛尼阿与君士坦丁分国而治,来辛尼阿治帝国东部,君士坦丁治西部。

异彩纷呈的文明

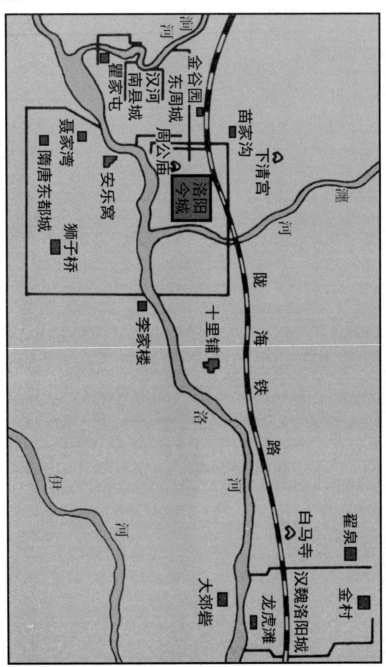

洛阳附近历代城址变迁图

刘聪攻陷洛阳·虏司马炽北去

永嘉五年（311）六月，刘聪攻陷洛阳，纵兵大掠，杀王公士民 3 万余人，虏司马炽（怀帝）北去，是为"永嘉之乱"。

永嘉二年（308），刘渊称帝，命其子刘聪与王弥进攻洛阳，洛阳处在危急中。去年（310），（西）晋执掌朝政的东海王越，以讨伐石勒为名，率名将劲卒 4 万人和大批朝臣，逃离京师，东驻于项，以图避难自保。结果，洛阳守备空虚，司马炽孤立无援。

本年三月，东海王司马越忧死于项。留守洛阳的乞帅李恽等以奔丧为名，率领大批王公官吏逃出洛阳，致使京师更加空虚。四月，太尉王衍等不作备战而护司马越之枢还葬东海国，被石勒追及于苦县宁平城。勒以骑兵围而射杀，箭矢如雨，晋将士 10 余万，无一幸免。又串兵击溃李恽军，杀死随军的司马氏宗室 48 个王并开棺焚毁司马越之尸骨。此役，晋之主力被歼，洛阳危在旦夕。

十月，刘聪派前军大将军呼延晏将兵两万七千余人攻打洛阳，汉始安王曜和王弥、石勒皆领兵来会师。本月，各路汉军先后攻陷洛阳，俘司马炽，杀王公士民三万余人，又纵兵大掠宫内珍宝、财物及宫女，火烧宫庙、官府和民房。初平元年（190）三月，董卓纵兵烧洛阳城，历经魏晋两朝建设，如今在永嘉之乱中，又一次化为灰烬。

贾疋收复长安·立司马邺为太子

永嘉六年（311）四月，晋贾疋收复长安，立秦王司马邺为太子。

"永嘉之乱"，洛阳城失陷，司马炽（怀帝）被俘。在晋国破家亡的时刻，一些大臣将领纷纷在各地建立行台（行台是为军事需要而在京师以外设立的代表中央政权的临时机构）。此时，各地行台计有——司徒傅祗建之于河阴；司空荀藩与河南尹华荟等建之于密，后奉秦王司马邺迁之于许昌；荀晞奉豫王端为皇太子，建之于蒙城；王浚另立一皇太子，实际上又建一行台。行台纷立，对于率领吏民将士抗击刘聪南侵，多少起一些作用。

去年（311）八月，刘粲、刘曜进攻长安，南阳王司马模兵败投降，长安失守。冯翊太守索琳等与安定太守贾疋，集中了各族兵马5万人，杀向长安。雍州刺史麹特、新平太守竺恢、扶风太守梁综起兵响应，参加者有10万之众。贾疋、索琳率晋军同汉兵大小交战百余次，包围长安

西晋持便面俑、戴风帽俑

西晋瓷俑

达几个月，终大败刘曜。刘曜无力固守，遂掳掠长安青壮男女 8 万余人，弃城退回平阳。本月，晋军收复长安，贾疋等立秦王司马邺为皇太子，又设立了 1 个行台。

诸行台在与汉军的交战中，或失败而垮，如傅祗河阳行台；或自相残杀，如贾疋、索琳长安行台。晋朝天下，分崩离析。

石勒立足襄国定都建制　

永嘉六年（312）七月，石勒赖张宾之计进驻襄国（今河北邢台），定都于此。

石勒自与汲桑聚众起事失败后，投靠刘渊为大将。永嘉二年（308），勒率军五六万，攻掠冀州诸郡县。三年（309）四月，拔除冀州各地壁垒百余个，兵增至 10 余万，勒乃以汉族失意士人张宾为谋主，召集低级士族，别立一营，号为"君子营"。自此，石勒的善战和张宾这些人的智谋结合，形成了一支难以抗拒的军事力量。

永嘉五年（311）四月，石勒消灭王衍所率晋军主力，继而于十月又杀死劲敌汉国大将王弥，吞并其部众。勒乘胜骚扰豫州诸郡，屯军葛陂，大造兵船，准备打到建业。不料大雨连绵，3 月不止，勒军饥疫交加，死者大半，渡江不成。在危难时刻，张宾出谋，撤军北上，择一险要之地，立定根基，广积军粮，然后遣兵马四出征战，扩大势力范围，以实现帝王大业，称霸

异彩纷呈的文明

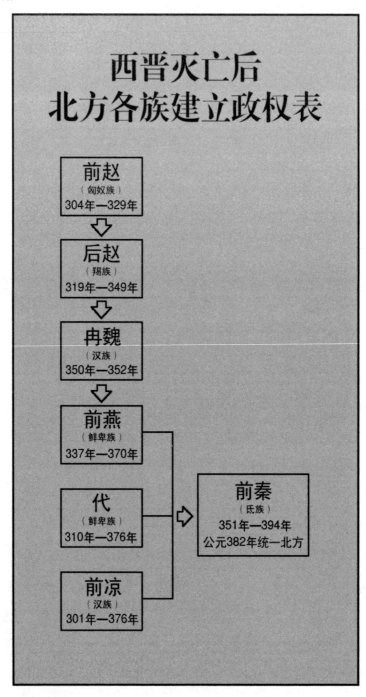

页 144

天下。

张宾之谋，石勒大为赞赏，遂于本月依计率军进驻襄国，立都于此，掠冀州郡县之粮积聚于襄国，又迁徙人口至襄国耕种。第二年（313），又立太学，以士人为教师，选将佐子弟300人入学读书；建兴二年（314）秋，又定租赋，令州郡官查实户口，每户出帛2匹，谷2斛。勒又收留天竺僧佛图澄，称之为大和尚。在佛图澄宣传下，勒大兴佛事、建立寺庙，将其诸子送到佛寺抚养并亲自拜佛发愿、求佛保佑。从此，石勒展开霸业。

司马邺即帝位

建兴元年（313）四月二十七日，司马邺在长安即位，即孝愍皇帝，改元建兴。永嘉五年（311）六月，晋怀帝被汉兵俘虏到平阳，刘聪任命他为特进左光禄大夫，并封"平阿公"，第二年又封他为"会稽郡公"，享受三司的礼仪，并且把小刘贵人嫁给他为妻。永嘉七年（313）年初，刘聪在光极殿大宴群臣，席间，命令晋怀帝穿上青衣行酒令取乐，致使晋朝的故臣庚珉、王隽悲愤不已，大声痛哭。刘聪十分不高兴。二月，刘聪就将晋怀帝和晋朝的旧臣十几个人一举杀害，怀帝死时才30岁。晋怀帝被害的消息传到长安之后，太子司马邺举哀服丧，并且即皇帝位，这时他年仅14岁。司马邺，字彦旗，是晋武帝司马炎的孙子，司马晏的儿子，洛阳被汉兵攻陷之后，到荣阳密县去避难，在那里和舅舅荀藩相遇，一同南下许颖。司马邺即位以后，马上大赦天下，并且改元建兴。当时的长安城里，住户不超过一百，公私加起来也只有车四辆，文武百官既没有官服，也没有印绶，只有在桑版刻上号罢了。

石勒杀王浚

石勒在嘉平三年（313）别有用心地向王浚上了个"劝进表"，深得王浚的喜欢，王浚随后派了个使者到襄国（今河北邢台），石勒给他看的都是些羸弱疲惫的士兵，府库也很空虚，又在使者面前装模作样地每天拜在王浚赐给的麈尾前。王浚听到使者的汇报之后，对石勒就更加信任了。嘉平四年（314）初，石勒准备袭击王浚，张宾建议他要

西晋骑吏俑。青瓷骑吏俑胎灰白，青釉开片。塑造手法简练，神态逼真。

先稳固后方，先要和刘琨搞好关系，换取他的支持。三月，石勒率军到达蓟城（今北京南），害怕王浚设有伏兵，就先驱赶牛羊几千头，声称是向王浚送礼的，实际的意图是要堵塞大街小巷，使王浚的部队难以行动。王浚拒绝了左右的忠言，执意要放石勒进城，等到发现石勒的意图，已经悔之晚矣！石勒进城活捉了王浚，马上送到襄国杀掉了。石勒又杀掉了王浚麾下的精兵一万多人，再将前尚书裴宪和给事中郎荀绰召为己用，然后率军凯旋，向汉主报告喜讯。

陶侃平定广州

陶侃是晋将王敦的部将，建兴三年（315）二月，受命讨伐杜弢，经过几十次交锋，大破敌军，迫使杜投降。同年，杜弢再次造反，陶侃用计，彻底地击败了杜弢。陶侃为攻克长沙，平定湘州立下大攻。

"功高遭人忌"，陶侃平定杜弢以后，王敦听信钱风的谗言，将陶侃任命为广州刺史。此时，广州被王机盗据，王机还积极扩大地盘。王敦设计谋取广州没有成功，于是命令陶侃收复广州。晋建兴三年（315）八月，陶侃率领大军直逼广州城下，一举击败王机的党羽杜弘的军队，王机也在逃离的路上病死。至此，广州被平定。

陶侃在广州闲居无事，每天早晨搬一百个甓到房子外面，到晚上又搬回

来，人们问他为什么要这样做，陶侃说："我的志向是收复中原，在这里太安逸了，恐怕将来身体不能担当重任，所以每天要活动一下筋骨。"大家听了，大为叹服。

都督泛滥成灾

"都督"是官名，指军事长官或领兵将帅。地方最高长官亦称都督。汉末三国始设都督或大都督，为领兵官。魏文帝（曹丕）时始置都督，主持诸州军事，大都督为最高军事统帅。有的兼任驻在州刺史，总管军、民、政。到东晋、南朝时，大州刺史多兼都督，权力甚重。至北周及隋，改为总管，遂成为正式地方官名。

西晋时都督泛滥成灾，主要是因为晋武帝司马炎错误地认为曹魏之所以被他所取代，就是因为曹氏没有强大的宗室势力，兵权落入司马氏手中而致孤立无援。所以他封皇族27人为王，后又有所增加。除王国以外，还封了许多公、侯等。王国拥有相当数量的军队，可以自辟置僚属，又可出镇各地，都督各州军事，实际上掌握了地方上的军政大权。由于都督权大，中央往往设监军监视都督是否执行诏令，防止都督滥用兵权。但都督制本身就埋藏着分裂割据的祸根。都督手握重兵，权力过大，不兼刺史的都督尚可凭借权势，干预地方行政；兼领刺史的都督更是总揽军、政大权，独霸一方，导致国家政局不稳，外重内轻，尾大不掉。晋武帝取消州郡领兵后，都督区遍及全国。结果，晋武帝一死，"八王之乱"骤起，担任重镇都督的宗室诸王为争夺帝位而进行了一场血腥混战，彻底摧毁了西晋自身的统治基础，也给社会经济带来严重破坏，造成人民死伤和流离失所，加剧了社会阶级矛盾和民族矛盾。可见，在国家分裂，政局动荡不安的情况下，多一个拥兵的都督，就多一份离心力。只要军政合一的都督制继续存在，中央和地方的矛盾就有可能逐渐尖锐，天下就难以长治久安。

西晋庄园生活壁画。壁画共五层。第一层为宴饮，第二层为出行，第三层为牛车，第四、五层为马群、羊群、牛群。根据出行人物的舆服制度，可以推知墓主人似为千石至二千石的郡级官吏。

THE **CHINESE** CIVILIZATION

异
彩
纷
呈
的
文
明

鄯善有翼天人。新疆若羌县在汉代属鄯善伊循地区，处于中原通往西域各国的丝绸之路上，经济、文化比较发达，接受佛教影响也较早。公元三至四世纪时，鄯善已是一个佛教盛行的小国。20世纪初年，曾在此地的米兰一带发现数处鄯善时期的寺院遗址，其中残存的壁画（时间约在公元300年左右）是我国现存时间最早的寺院壁画。此块残壁上绘一半身像，脸略圆，梳男孩发式，背后有伸张的双翅，显然是佛教中的天人。画像用线简炼，造型准确。这种天国人物的艺术形象经常出现在犍陀罗雕塑中，也曾传播到新疆米兰一带，只是并未继续东传至中国内地。

西晋覆亡

　　汉建元二年(316)，汉军在大司马刘曜的统领下，向长安发起强烈的攻势。

八月，汉军逼近长安，形势非常危急，各路勤王的援兵虽然相继赶到，但害怕汉军的声势，都驻足不前，相互观望。刘曜在九月乘机攻陷了长安的外城，守城的曲允、索琳只好退入内城固守。此时城中供应断绝，粮食极度匮乏，一斗米竟值二两金子，饿死的人有一半多，甚至出现了人吃人的惨剧。晋愍帝也只能吃麨（即麸皮、麦子、大豆的混合物）做的粥。在这种内无粮草，外无援兵的情况下，愍帝决定向汉军投降。他派宗敞请降，但被索琳拦住了，索琳派自己的儿子去见刘曜，想靠请降来表功，不曾想儿子被刘曜杀了。晋愍帝只得自己亲自光着上身，乘着羊车出城向汉军请降。一时上下纷纷号泣不已。刘曜将愍帝一行送到平阳。汉帝刘聪降愍帝为光禄大夫，封怀安侯；刘曜被封为大都督，督陕西诸军事、太宰，封秦王，假黄钺。并且大赦天下，改元麟嘉。到此为止，西晋共经历司马炎、司马衷、司马炽、司马邺四帝，历时42年（265~316）而覆亡。

击楫中流·祖逖北伐

建兴元年（313）八月，奋威将军、豫州刺史祖逖击楫中流，率军北伐。

司马睿立国江东，收复故土本应是东晋头等重要的政治大事。当时，汉族人民对北方"胡羯"军事贵族的统治十分仇恨，也希望东晋政权能够北伐。但东晋统治者热衷于江南的庄园经营，内部的争权夺利也牵制并削弱了其力量。统治者毫无进取之心，偏安江南，无心北伐，只有个别人物进行了北伐活动，最早提出北伐的是祖逖。祖逖（266~321）是北国范阳世家大族，曾与刘琨同为司州主簿，两人"共被同寝"，闻鸡起舞，志向宏远。中原大乱

151

时，刘琨留在北方坚持抗"胡"，任并州刺史，祖逖则率亲党数百家渡江，居于京口（苏镇江）。在东晋建国前，他就向司马睿请求北伐，被任为豫州刺史。建兴元年（313），祖逖率部曲百家渡江，他在长江中击楫发誓："祖逖不能清中原而复济者，有如大江。"当时中原郡县系统已崩溃，到处都是坞堡。祖逖采取灵活策略，招抚坞主，又屡破石勒兵，使"黄河以南尽为晋土"。

当祖逖练兵积谷，为进军河北作准备时，晋元帝司马睿担心祖逖势力发展对他不利，任清谈家戴渊为征西将军，都督北方六州诸军事，节制祖逖。祖逖眼看北伐事业必将无成，忧愤成疾，死于军中。祖逖死后，东晋内部连续发生王敦之乱和苏峻、祖约（祖逖弟）之乱，朝廷忙于内争，无暇北顾，石勒趁机攻占了河南，晋军被迫退到淮南，祖逖北伐的成果也化为乌有。

祖逖率军北伐